¡MI REINO POR UN CABALLO!
ANTOLOGÍA DE CITAS

WILLIAM SHAKESPEARE

¡MI REINO POR UN CABALLO!
ANTOLOGÍA DE CITAS

EDICIÓN DE ÁNGEL-LUIS PUJANTE

Planeta

Obra editada en colaboración con Editorial Planeta – España

© de las traducciones de las citas de Afanes de amor en vano, Alfredo Michel
© de las traducciones de las citas de La fierecilla domada y El rey Juan, Salvador Oliva
© de las traducciones de las demás citas y de la edición, Ángel-Luis Pujante, 2022

Diseño de la cubierta: Austral / Área Editorial Grupo Planeta
Imagen de la cubierta: Shutterstock

Composición: Moelmo, SCP

© 2022, Editorial Planeta, S. A. – Barcelona, España

Derechos reservados

© 2024, Editorial Planeta Mexicana, S.A. de C.V.
Bajo el sello editorial AUSTRAL M.R.
Avenida Presidente Masarik núm. 111,
Piso 2, Polanco V Sección, Miguel Hidalgo
C.P. 11560, Ciudad de México
www.planetadelibros.com.mx

Primera edición impresa en España en Austral: noviembre de 2022
ISBN: 978-84-08-26551-1

Primera edición impresa en México en Austral: octubre de 2024
ISBN: 978-607-39-1926-5

Impreso en los talleres de Operadora Quitresa, S.A. de C.V.
Calle Goma No.167, Colonia Granjas México, C.P. 08400,
Iztacalco, Ciudad de México
Impreso en México – *Printed in Mexico*

BIOGRAFÍA

William Shakespeare (Stratford-upon-Avon, Inglaterra, 1564-1616), dramaturgo y poeta inglés, está considerado uno de los más grandes escritores de todos los tiempos. Hijo de un comerciante de lanas, se casó muy joven con una mujer mayor que él, Anne Hathaway. Se trasladó a Londres, donde adquirió fama y popularidad en su trabajo; primero bajo la protección del conde de Southampton, y más adelante en la compañía de teatro de la que él mismo fue copropietario, Lord Chamberlain's Men, que más tarde se llamó King's Men, cuando Jacobo I la tomó bajo su mecenazgo. Su obra es un compendio de los sentimientos, el dolor y las ambiciones del alma humana, donde destaca la fantasía y el sentido poético de sus comedias, y el detalle realista y el tratamiento de los personajes en sus grandes tragedias. De entre sus títulos cabe citar *Hamlet*, *Romeo y Julieta*, *Otelo*, *El rey Lear*, *El sueño de una noche de verano*, *Antonio y Cleopatra*, *Julio César* y *La tempestad*. Su obra poética más conocida, *Sonetos*, está considerada una de las obras cumbre de la poesía universal. Shakespeare ocupa una posición única en la historia de la literatura por su extraordinario talento y por su originalidad, y sus obras siguen siendo leídas e interpretadas en todo el mundo.

ÍNDICE

PRÓLOGO   9

NOTA PRELIMINAR   15

CITAS BREVES:
   El mundo, la vida y el tiempo   19
   Fortuna, adversidad y pobreza   29
   La humanidad, la gente   39
   Caracteres, personalidad,
      idiosincrasia   51
   Amor   63
   Maridos, mujeres, sexualidad   73
   Prudencia e imprudencia   83
   Astucia, fingimiento, engaño   91
   Moderación y exceso   101
   Odio, violencia, crimen   109
   Arte y música   117
   Muerte y mortalidad   123

PASAJES SELECTOS:
   Comedias y tragicomedias   135

Dramas históricos 151
Tragedias 163

APÉNDICE:
Índice de las obras citadas........... 187
Cronología de las obras de William
Shakespeare 191

PRÓLOGO

«Como dice Shakespeare...» suele ser la fórmula más habitual para introducir versos y frases de uno de los autores más citados de la literatura universal. Sus contemporáneos ingleses ya copiaban extractos suyos en cuadernos de notas, y en 1752 William Dodd publicó *The Beauties of Shakespear*. A esta primera antología siguieron otras muchas, tanto en Inglaterra como fuera de ella, en las que predominaban las citas de carácter aforístico. Esta tendencia se manifestó explícitamente en el lujoso título de la primera colección española, *Pensamientos, máximas, aforismos y definiciones entresacados de todos los poemas, sonetos, comedias, historias y tragedias de William Shakspeare* (1879), de Matías de Velasco y Rojas, continuó en la más modesta *Pensamientos de Shakespeare* (1944) de Antonio Cunillera Gavaldá y se mantiene en diversas lenguas tanto en diccionarios de frases célebres como en multitud de páginas de internet y en libros del tipo «Shakespeare para ejecutivos». En buena parte, la imagen de Shakespeare que proyectan estos repertorios es la de un oráculo capaz de dar siempre respuesta a cualquier aspecto del ser humano y de la vida.

Que en las obras de Shakespeare abunden los «pensamientos» es algo que siempre se ha observado. Extremando sus elogios, Ralph Waldo Emerson decía que la literatura y la filosofía estaban «shakespearizadas», y Thomas Carlyle no se recataba en afirmar que Shakespeare era el mayor intelecto que el mundo había conocido. Más sobrio, Ortega y Gasset opinaba que, «confrontado con Cervantes, parece Shakespeare un ideólogo». Ahora bien, para entender cabalmente sus citas deberíamos partir de lo que a veces no parece obvio e ir viendo lo que implica. Primero, que Shakespeare fue ante todo autor dramático y poeta. En otro dramaturgo el pensamiento conduciría al teatro de ideas; en Shakespeare las ideas construyen al personaje y contribuyen a caracterizarlo. De sus obras podemos extraer reflexiones y aforismos, pero también versos, enunciados y pasajes de gran belleza y aliento poético, juegos de réplica y contrarréplica y emotivos parlamentos.

Por otro lado, aunque aún predomina en ciertos ámbitos la noción de Shakespeare autor de tragedias —que parece casar bien con la imagen del sabio reflexivo— y la seriedad no está ausente en sus comedias y tragicomedias, tampoco falta el humor en sus tragedias. Samuel Johnson estimaba que el carácter de Shakespeare le llevaba de manera natural a la comedia: «sus tragedias revelan técnica; sus comedias, instinto». Exagerando o no, Johnson hacía justicia a la variedad de las obras de Shakespeare, tan infinita como la de su Cleopatra. Una selección de citas shakespearianas debería, por tanto, reflejar esta variedad, y así se ha procurado en esta antología, tanto en las breves como en las más extensas: asegurando la presencia de las más serias y juiciosas, no se omiten las humorísticas, pintorescas o extravagantes. Véanse, entre otras, algunas de *Hamlet* o la descripción del cocodrilo en *Antonio y Cleopatra* (pág. 23). Además, en cada sección de las citas breves puede apreciarse la diversidad que a su vez hay entre ellas.

De la naturaleza de las obras shakespearianas se desprenden otras consecuencias que hacen de «Como dice Shakespeare...» una fórmula equívoca. Algunos prefieren la «magia» de la cita aislada —a riesgo de no entenderla—; sin embargo, cuando aparece descontextualizada, puede transmitir un mensaje impredecible y a veces contrario a su verdadero sentido. Por otra parte, podemos dar por supuesto que las frases de Gracián son su opinión, pero las de Shakespeare no son necesariamente «de Shakespeare» ni expresan siempre un pensamiento universal: están puestas en boca de ciertos personajes en situaciones concretas para expresar ideas o sentimientos que suelen chocar con los de otros caracteres. Si no fuera así, Shakespeare sería un pozo de incoherencias. En *Macbeth*, tras conocer la traición de un vasallo tenido por leal, el rey Duncan reacciona: «No hay arte que descubra / la condición de la mente en una cara»; pero en la escena siguiente Lady Macbeth le dice a su esposo: «Tu cara, mi señor, es un libro en que se pueden / leer cosas extrañas». Además, y a no ser que percibamos sus razones, un mismo personaje puede resultar contradictorio. En *Otelo*, Yago asegura: «La honra no es más que una atribución vana y falsa que suele ganarse sin mérito y perderse sin motivo». Pero en una escena posterior, el propio Yago afirma: «Quien me quita la honra, me roba / lo que no le hace rico y a mí me empobrece». Para evitar el efecto de la descontextualización, en esta antología se indican, además del título de la obra de la que se extrae cada cita, el nombre del personaje hablante y, en números romanos, el acto y la escena correspondientes, así como una breve nota contextual cuando parece aconsejable o necesario.

Por último, «Como dice Shakespeare...» debería llevarnos a «¿*Cómo* dice Shakespeare?». Se suele convenir en que, para admitirlos o entenderlos como citas, los enunciados deben parecernos convincentes, llamativos, memorables o simplemente recordables en razón de su sabiduría, ingenio u originalidad. Sin embargo, los más logrados o recordados no lo son únicamente por su contenido, sino por su lenguaje conciso y bien estructurado. Aquí la forma cuenta, y mucho. En su idioma, las citas de Shakespeare cumplen eminentemente estos requisitos, pero ¿los cumplen traducidas? Para nosotros, una frase de Cervantes tiene una formulación invariable, mientras que de una de Shakespeare podemos tener decenas y muy diversas. Borges decía no saber por qué siempre pensamos mal de los traductores, cuando todos estamos de acuerdo en que la literatura rusa es admirable —como admirable es la ironía borgiana—. Entrando en lo concreto y en modos de expresión tan formalizados como la poesía o las propias citas, podemos preguntarnos si las buenas frases de Shakespeare en verso o en prosa se pueden admirar en otras lenguas o si el filtro de la traducción no las puede volver palabreras, abstrusas o inoperantes.

No nos engañemos. La lengua de Shakespeare puede resultar oscura, engañosa o incomprensible y llevar a versiones erróneas o discutibles. A finales del siglo XVII ya empezaba a sonar arcaica, y en nuestros días sus obras se han «traducido» varias veces para los propios anglohablantes. Con todo, su antigüedad no es el mayor de los escollos: pasando de su habitual verso blanco al rimado o a una prosa geométrica muy elaborada, Shakespeare compone textos variados y complejos que enseñan el tipo de lectura que requieren. Sus citas no son excepción y piden una versión persuasiva o captadora que, fiel a su mensaje y a su forma, produzca efectos iguales o análogos a los del original. Es a lo que se aspiró en estas traducciones.

ÁNGEL-LUIS PUJANTE

NOTA PRELIMINAR

Las traducciones de las citas proceden de la edición del *Teatro completo* de Shakespeare publicado por la editorial Espasa y de algunas de las ediciones revisadas de sus obras en la colección Austral. En todas ellas la prosa original está traducida como prosa, el verso blanco como verso libre y el verso rimado como verso rimado. Casi todas son de Ángel-Luis Pujante, editor de esta antología, como también las de algunos sonetos de Shakespeare en versiones inéditas. Las restantes son de los otros dos traductores que colaboraron en la edición del *Teatro completo* y que han permitido amablemente su inclusión en este volumen: Alfredo Michel, que trasladó *Afanes de amor en vano*, y Salvador Oliva, traductor de *La fierecilla domada* y *El rey Juan*, así como de *Timón de Atenas*, *Enrique VIII*, *Pericles* y *Los dos nobles parientes* en colaboración con Ángel-Luis Pujante.

Esta antología consta de dos partes: la primera reúne citas breves, y la segunda, una selección de pasajes más extensos. Algunas de las citas breves reaparecen en el contexto de los pasajes citados.

CITAS BREVES

OTAS BREVES

EL MUNDO, LA VIDA Y EL TIEMPO

El mercader de Venecia. Shylock y Túbal en la calle

HAMLET ¿Qué hay de nuevo?
ROSENCRANTZ Nada, señor: que el mundo se ha
vuelto honrado.
HAMLET Estará cerca el Día del Juicio.
Hamlet, II.II

Tal como va el mundo, ser honrado es ser uno entre diez mil.
Hamlet, II.II (HAMLET a Polonio)

POETA ¿Cómo va el mundo?
PINTOR Señor, conforme avanza, decae.
Timón de Atenas, I.I

El mundo va tan mal que un pájaro
caza donde un águila no osaría posarse.
Ricardo III, I.III (RICARDO, viendo que cualquier
don nadie se puede hacer caballero)

Algo podrido hay en Dinamarca.

> *Hamlet*, I.IV (MARCELO a Horacio, comentando
> la segunda aparición del espectro)

El mundo es un gran teatro,
y los hombres y mujeres sólo actores.

> *Como gustéis*, II.VII (JAIME)

Graciano, el mundo para mí no es más que eso:
un teatro donde todos tenemos un papel,
y el mío es triste.

> *El mercader de Venecia*, I.I (ANTONIO)

¡Ah, cuántas espinas tiene nuestro mundo coti-
diano!

> *Como gustéis*, I.III (ROSALINA)

¡Qué enojosos, rancios, inútiles e inertes
me parecen los hábitos del mundo!

> *Hamlet*, I.II (HAMLET)

Al nacer, lloramos por haber venido
a este gran teatro de locos.

> *El rey Lear*, IV.V (LEAR)

Hay más cosas en el cielo y en la tierra, Horacio,
de las que sueña nuestra filosofía.

> *Hamlet*, I.v (HAMLET)

Cuantos lugares visita el ojo del cielo
son puertos y refugios para el sabio.

> *Ricardo II*, I.iii (GANTE a su hijo, que acaba de
> ser desterrado)

Hay más mundo en otras partes.

> *Coriolano*, III.iii (CORIOLANO, a punto de partir
> al destierro)

LÉPIDO   ¿Qué clase de bicho es el cocodrilo?
ANTONIO   Pues tiene la forma de sí mismo y todo
el ancho de su anchura. De alto es como es y se
mueve con sus órganos. Vive de lo que le nu-
tre y, cuando se le va la vida, transmigra.
LÉPIDO   ¿Qué color tiene?
ANTONIO   El suyo propio.
LÉPIDO   ¡Extraña serpiente!
ANTONIO   Cierto, y sus lágrimas mojan.

> *Antonio y Cleopatra*, II.vii

La incierta travesía de la vida.

> *Timón de Atenas*, V.ɪɪ (Tɪᴍóɴ)

Nuestra vida está tejida con un hilo mixto, bueno
y malo juntos.

> *Todo bien si acaba bien*, IV.ɪɪɪ (Noʙʟᴇ 1.°)

Somos de la misma
sustancia que los sueños, y nuestra breve vida
culmina en un dormir.

> *La tempestad*, IV.ɪ (Pʀósᴘᴇʀo)

Si rica, eres pobre,
pues, cual asno cuyo lomo se dobla bajo el oro,
tú llevas tus pesadas riquezas sólo un viaje
y la muerte te descarga.

> *Medida por medida*, III.ɪ (Eʟ DᴜQᴜᴇ, como ha-
> blándole a la vida)

He vivido bastante; la senda de mi vida
ha llegado al otoño, a la hoja amarilla.

> *Macbeth*, V.ɪɪɪ (Mᴀᴄʙᴇᴛʜ)

La vida es una sombra que camina, un pobre actor
que en escena se arrebata y contonea
y nunca más se le oye. Es un cuento
que cuenta un idiota, lleno de ruido y de furia,
que no significa nada.

> *Macbeth*, V.v (Macbeth)

La plétora y la paz crían cobardes; la entereza
es madre de la braveza.

> *Cimbelino*, III.vi (Inogenia)

En nuestra existencia la joya mayor
es un nombre limpio. Si nos lo arrebatan,
el hombre no es más que arcilla dorada.

> *Ricardo II*, I.i (Mowbray a Ricardo)

　　　　　　　　¿Qué es un hombre
si el bien y beneficio de su vida
sólo es dormir y comer?

> *Hamlet*, IV.iv (Hamlet)

¡Como si el pesar no fuera enemigo de la vida!

> *Noche de Reyes*, I.iii (Don Tobías)

DON TOBÍAS   Nuestra vida, ¿no se compone de los cuatro elementos?

DON ANDRÉS   Sí, eso dicen, aunque yo creo que más bien se compone de comer y beber.

DON TOBÍAS   ¡Sois un sabio! Entonces, ¡a comer y a beber!

Noche de Reyes, II.III

El pensamiento, siervo de la vida, y la vida,
juguete del tiempo, y el tiempo, que rige el mundo,
deben detenerse.

Enrique IV, 1.ª parte, V.IV (HOTSPUR, herido de muerte)

El tiempo lleva un morral a la espalda,
en el que echa limosnas al olvido;
un monstruo colosal de ingratitudes.

Troilo y Crésida, III.III (ULISES a Aquiles)

Si podéis penetrar las semillas del tiempo
y decir cuál crecerá y cuál no,
habladme ahora.

Macbeth, I.III (BANQUO a las brujas)

Tu aliento reanima:
muy larga es la noche que no encuentra el día.
Macbeth, IV.III (Malcolm a MacDuff)

El tiempo es el viejo juez que interroga a los culpables.
Como gustéis, IV.I (Rosalina)

¡Ah, dolor y tiempo,
que todo consumís y devoráis!
Los dos nobles parientes, I.I (Teseo)

Aunque la edad no me libre de ser necia,
no me hará ser infantil.
Antonio y Cleopatra, I.III (Cleopatra)

Mi vejez es un invierno sano:
frío, pero benigno.
Como gustéis, II.III (Adán a Orlando)

Que vengan las arrugas
con risas y alegría.
El mercader de Venecia, I.I (Graciano)

El placer y la acción acortan las horas.
Otelo, II.iii (Yago a Rodrigo)

De nada sirve posponer;
ven a besarme, lindo bien:
siempre joven no serás.
Noche de Reyes, II.iii (Canción de Feste)

FORTUNA, ADVERSIDAD Y POBREZA

El rey Lear en una cabaña con Kent, el bufón y Edgar

En los asuntos humanos hay un flujo,
que lleva a la fortuna si aprovechas la pleamar.
Julio César, IV.II (MARCO BRUTO)

Ya el invierno de nuestro descontento
es verano radiante con este sol de York.
Ricardo III, I.I (RICARDO)

No temas la grandeza. Unos nacen grandes, otros
alcanzan la grandeza, y a otros la grandeza se la im-
ponen.
Noche de Reyes, II.IV (MALVOLIO, leyendo una
carta que él cree de la duquesa Olivia)

[A las que da] belleza apenas les da decencia, y a
las que da decencia las hace muy poco atractivas.
Como gustéis, I.II (CELIA, hablando de la Fortuna)

31

La fortuna, puta innoble,
le cierra la puerta al pobre.
El rey Lear, II.ii (El Bufón)

Los inocentes no escapan al rayo.
Antonio y Cleopatra, II.v (Cleopatra)

Somos para los dioses como las moscas
para los niños: nos matan por diversión.
El rey Lear, IV.i (Gloster a un anciano)

¡Un caballo, un caballo, mi reino por un caballo!
Ricardo III, V.vi (Ricardo)

Si estamos sometidos, Bruto, la culpa
no está en nuestra estrella, sino en nosotros mismos.
Julio César, I.ii (Casio)

Dos estrellas no pueden ocupar la misma órbita.
Enrique IV, 1.ª parte, V.iv (El Príncipe Enrique frente a su enemigo Hotspur)

Es la luna descarriada:
se acerca a la tierra más que de costumbre
y trastorna a los hombres.
Otelo, V.II (OTELO)

La buena entraña
ha dado malos hijos.
La tempestad, I.II (MIRANDA a Próspero)

Tener un hijo ingrato duele más
que un colmillo de serpiente.
El rey Lear, I.IV (LEAR)

Hay caídas
que nos hacen levantarnos con más dicha.
Cimbelino, IV.II (CAYO LUCIO)

Dulce es el fruto de la adversidad.
Como gustéis, II.I (EL DUQUE desterrado)

El cambio doloroso es desde lo mejor;
de lo peor se va al júbilo.
El rey Lear, IV.I (EDGAR, disfrazado de mendigo)

La esperanza vuela con alas de pájaro;
de un rey hace un dios, y un rey del más bajo.
>   *Ricardo III*, V.ii (RICHMOND)

La desgracia es la prueba de las almas.
>   *Coriolano*, IV.i (CORIOLANO)

Las viñas crecerán, pero no las veremos.
>   *Los dos nobles parientes*, II.ii (ARCITE a Palamón,
>   temiendo que ambos quedarán encarcelados de
>   por vida)

Con mar en calma, todos los barcos
navegan con arte.
>   *Coriolano*, IV.i (CORIOLANO)

¡Ah, qué dolor es ver la dicha con los ojos de otro!
>   *Como gustéis*, V.ii (ORLANDO)

La desgracia nos acuesta con extraños compañeros.
>   *La tempestad*, II.ii (TRÍNCULO)

La mala noticia infecta al mensajero.

> *Antonio y Cleopatra*, I.II (Un MENSAJERO a Antonio)

Será honrado, mas no es bueno,
traer malas noticias.

> *Antonio y Cleopatra*, II.V (CLEOPATRA a un mensajero)

El fruto más débil
cae antes al suelo; así sea conmigo.

> *El mercader de Venecia*, IV.I (ANTONIO)

Pues lo más grato se corrompe y daña,
y el lirio hiede más que la cizaña.

> *Soneto 94*, 13-14

La acción se ahoga en conjeturas
y sólo es lo que no es.

> *Macbeth*, I.III (MACBETH, al cumplirse la primera profecía de las brujas)

El mal a unos alza, el bien hunde a otros.
Medida por medida, II.i (Escalo)

¡Ah, esposa! Tengo el alma llena de escorpiones.
Macbeth, III.ii (Macbeth a Lady Macbeth)

El lamento moderado es derecho de los muertos;
el exceso de dolor, enemigo de los vivos.
Todo bien si acaba bien, I.i (Lafeu)

A quien no tiene medios, dinero y sosiego, le faltan tres buenos amigos.
Como gustéis, III.ii (Corino)

Que la distribución anule lo superfluo
y todos tengan suficiente.
El rey Lear, IV.i (Gloster a Edgar)

El pobre contento es rico y bien rico;
quien nada en riquezas y teme perderlas
es más pobre que el invierno.
Otelo, III.iii (Yago)

Suele tener hijo ingrato
el padre que va harapiento,
pero el hombre adinerado
será padre de hijo tierno.

> *El rey Lear*, II.ii (El Bufón)

Los harapos dejan ver grandes vicios;
togas y pieles lo tapan todo.

> *El rey Lear*, IV.v (Lear)

La esperanza es la sola medicina
de los míseros.

> *Medida por medida*, III.i (Claudio al Duque)

¡No discutáis lo necesario! Hasta el más pobre
posee algo superfluo.

> *El rey Lear*, II.ii (Lear, a sus hijas Goneril y
> Regan)

El arte de la necesidad es asombroso:
da valor a lo mísero.

> *El rey Lear*, III.ii (Lear)

LA HUMANIDAD,
LA GENTE

Todo bien si acaba bien. La viuda, su hija Diana y Mariana,
con otros ciudadanos, ante las murallas de Florencia

MIRANDA   ¡Cuántos seres admirables hay aquí!
   ¡Qué bella humanidad! ¡Ah, gran mundo nuevo
   que tiene tales gentes!
PRÓSPERO   Es nuevo para ti
      La tempestad, V.I

La maldición del hombre —necedad e ignorancia.
      Troilo y Crésida, II.III (TERSITES)

Sabemos lo que somos, no lo que podemos ser.
      Hamlet, IV.V (OFELIA, enajenada)

            Se ha de ver pronto
que los fanfarrones no son más que tontos.
      Todo bien si acaba bien, IV.III (PAROLES, aplicán-
      dolo a su propio caso)

Señor, señor, ¡qué adictos somos los viejos a este
vicio de mentir!

> *Enrique IV*, 2.ª parte, III.ii (FALSTAFF)

Es un mal de este mundo que los locos
guíen a los ciegos.

> *El rey Lear*, IV.i (GLOSTER)

La confusa multitud,
que no ama con el juicio, sino con los ojos.

> *Hamlet*, IV.iii (El REY CLAUDIO)

Si quieren a alguien sin razón, odian sin mejor motivo.

> *Coriolano*, II.ii (UJIER 2.º, refiriéndose al pueblo
> romano)

Nuestros ojos
son a veces como nuestros juicios, ciegos.

> *Cimbelino*, IV.ii (INOGENIA)

No hay arte que descubra
la condición de la mente en una cara.

> *Macbeth*, I.iv (DUNCAN, aludiendo al barón de
> Cawdor)

Tu cara, mi señor, es un libro en que se pueden leer cosas extrañas.

> *Macbeth*, I.v (LADY MACBETH a Macbeth)

Loco el que se fía de la dulzura de un lobo, la salud de un caballo, el amor de un muchacho o el juramento de una puta.

> *El rey Lear*, III.vi (El BUFÓN a Lear y Edgar)

No hay nada bueno ni malo: nuestra opinión le hace serlo.

> *Hamlet*, II.ii (HAMLET a Rosencrantz y Guildenstern)

No ser lo peor
también tiene mérito.

> *El rey Lear*, II.ii (LEAR)

Los que se glorian mostrando sus heridas merecen el ridículo.

> *Troilo y Crésida*, IV.v (TROILO)

El brillo de la gloria
lo da el perseverar.

Troilo y Crésida, III.ɪɪɪ (Uʟɪsᴇs a Aquiles)

La gloria es como un círculo en el agua
que nunca deja de aumentar
hasta que, al extenderse, se deshace.

Enrique VI, 1.ª parte, I.ɪɪ (Juana la Dᴏɴᴄᴇʟʟᴀ,
o Juana de Arco)

Lo que en un capitán es un bufido,
en un soldado es blasfemia.

Medida por medida, II.ɪɪ (Isᴀʙᴇʟ a Angelo)

Señor, los bobos rodean la Tierra igual que el sol:
brillan en todas partes.

Noche de Reyes, III.ɪ (Fᴇsᴛᴇ)

Sé que a algunos de ellos
los reputan de sabios porque callan.

El mercader de Venecia, I.ɪ (Gʀᴀᴄɪᴀɴᴏ, sobre los
supuestos sabios)

El triunfo de una broma reside en los oídos
de quienes la oyen, y nunca en la lengua
de quien la profiere.

> *Afanes de amor en vano*, V.II (ROSALINA)

¡Qué pobres son los impacientes!
¿Qué herida no ha sanado paso a paso?

> *Otelo*, II.III (YAGO a Rodrigo)

Los jóvenes caseros tienen mentes caseras.

> *Los dos caballeros de Verona*, I.I (VALENTÍN a
> Proteo)

Suelen los remedios que al cielo adscribimos
estar en nosotros.

> *Todo bien si acaba bien*, I.I (HELENA)

Aquí llamamos ortiga a la ortiga,
y tontuna al vicio de los tontos.

> *Coriolano*, II.I (MENENIO)

¡Qué tontos son los mortales!

> *El sueño de una noche de verano*, III.II (El duen-
> de ROBÍN)

La traición no se hereda.
>*Como gustéis*, I.III (ROSALINA al Duque, que la acusa de traidora)

Valor no es vengarse, sino ser paciente.
>*Timón de Atenas*, III.VI (SENADOR 1.º)

Brillan los honores
cuando no derivan de nuestros mayores,
mas de nuestros actos.
>*Todo bien si acaba bien*, II.III (El REY DE FRANCIA)

Es una costumbre
que más honra perder que respetar.
>*Hamlet*, I.IV (HAMLET a Horacio, sobre las fiestas y borracheras palaciegas)

Lo que da fuerza al juramento es la intención.
>*Troilo y Crésida*, V.III (CASANDRA a Héctor)

La grandeza está en la virtud,
no en la venganza.
>*La tempestad*, V.I (PRÓSPERO)

Se deshonra la grandeza al desunir
el poder y la clemencia.
> *Julio César*, II.i (Marco Bruto)

La virtud de la ley es la clemencia.
> *Timón de Atenas*, III.vi (Alcibíades)

Lo que tal parece no siempre es clemencia:
el perdón es padre de nuevas tristezas.
> *Medida por medida*, II.i (Escalo)

El mal que hacen los hombres vive tras su muerte;
el bien solemos sepultarlo con sus restos.
> *Julio César*, III.ii (Antonio en su oración fúnebre por la muerte de César)

Alabar lo perdido
hace amado el recuerdo.
> *Todo bien si acaba bien*, V.iii (Rey De Francia)

No es bastante levantar al débil;
después hay que apoyarle.
> *Timón de Atenas*, I.i (Timón)

No alabar
la buena acción mata mil que seguirían.
El cuento de invierno, I.II (Hermíone)

Las malas costumbres
se graban en bronce; las virtudes
sc escriben en agua.
Enrique VIII, IV.II (Griffith)

Si todo el año fuese un día de fiesta,
el juego aburriría como el trabajo,
pero, cuando escasea, la fiesta es deseada.
Enrique IV, 1.ª parte, I.II (El Príncipe Enrique)

Celebrar por nada y llorar por lo nimio
es fiesta de monos y dolor de niños.
Cimbelino, IV.II (Guiderio)

El orgullo tendrá su caída.
Ricardo II, V.V (Ricardo)

Palabra punzante no entra en oído de necio.
Hamlet, IV.II (Hamlet a Rosencrantz)

La fama no escrita vive muchos años.
Ricardo III, III.I (RICARDO)

Quien ama ser adulado es digno del adulador.
Timón de Atenas, I.I (APEMANTO)

¿Quién es tan puro que no se deja seducir?
Julio César, I.II (CASIO a Bruto)

Dos guardan secreto si uno lo ignora.
Romeo y Julieta, II.IV (El AMA a Romeo)

El huésped no invitado
es el más bienvenido al despedirse.
Enrique VI, 1.ª parte, II.II (El Duque de BEDFORD)

Pues la vemos, nos agachamos y cogemos
la joya que encontramos; lo que no se ve
se pisa y jamás se tiene en cuenta.
Medida por medida, II.I (ANGELO)

Antes de morir, los cobardes mueren muchas veces;
los valientes sólo prueban la muerte una vez.
> *Julio César*, II.II (CÉSAR a su esposa Calpurnia)

En pecho sereno vive la verdad.
> *Ricardo II*, I.III (MOWBRAY)

No hay más oscuridad que la ignorancia.
> *Noche de Reyes*, IV.II (FESTE, el bufón)

La despreocupación, lo sabéis ya,
es la gran enemiga de un mortal.
> *Macbeth*, III.V (HÉCATE a las brujas)

CARACTERES, PERSONALIDAD, IDIOSINCRASIA

Cleopatra y Marco Antonio en el palacio real de Alejandría

La edad no la marchita, ni la costumbre
agota su infinita variedad.

> *Antonio y Cleopatra*, II.II (ENOBARBO, refirién-
> dose a Cleopatra)

Ese Casio tiene un aspecto famélico;
piensa demasiado. Hombres así son peligrosos.

> *Julio César*, I.II (CÉSAR a Marco Antonio)

REY   ¿Cómo es que estás siempre tan sombrío?
HAMLET   No, mi señor; es que me da mucho el sol.

> *Hamlet*, I.II

Mira a Agamenón, un buen tipo, y le gustan las pró-
jimas, pero tiene menos seso que cera en los oídos.

> *Troilo y Crésida*, V.I (TERSITES)

Pues Bruto es un hombre de honor,
como todos ellos, todos hombres de honor.

> *Julio César*, III.ɪɪ (MARCO ANTONIO, en su oración fúnebre por la muerte de César)

¿Te crees que, porque seas virtuoso, ya no ha de haber vino y fiesta?

> *Noche de Reyes*, II.ɪɪɪ (DON TOBÍAS a Malvolio)

Lo que yo llevo dentro no se expresa;
lo demás es ropaje de la pena.

> *Hamlet*, I.ɪɪ (HAMLET a su madre la reina)

Pobre como soy, no tengo ni gracias para dar.

> *Hamlet*, II.ɪɪ (HAMLET, a Rosencrantz y Guildenstern)

Yo sólo estoy loco con el nornoroeste; si el viento es del sur, distingo un pico de una picaza.

> *Hamlet*, II.ɪɪ (HAMLET a Rosencrantz y Guildenstern)

HAMLET   ¿Y por qué le mandaron a Inglaterra?

ENTERRADOR   Pues porque estaba loco. Allí recobrará el juicio y, si no, poco importa.

HAMLET   ¿Por qué?

ENTERRADOR   No se lo notarán: allí todos están igual de locos.

> *Hamlet*, V.I (HAMLET, de incógnito, conversa sobre sí mismo con el enterrador)

Será locura, pero con lógica.

> *Hamlet*, II.II (POLONIO refiriéndose a la supuesta locura de Hamlet)

Estoy sin camino y no necesito ojos.
Cuando veía, tropecé.

> *El rey Lear*, IV.I (GLOSTER, ciego, a un anciano)

El orgulloso se devora. El orgullo es su espejo, su clarín, su crónica.

> *Troilo y Crésida*, II.III (AGAMENÓN, refiriéndose a Aquiles)

Prefiero pasar hambre o caer vencido
a mendigar el sueldo merecido.

> *Coriolano*, II.III (CORIOLANO, que se niega a pedirles el voto a los plebeyos)

Hablas del pueblo
cual si fueras un dios castigador
y no un mortal con sus flaquezas.
Coriolano, III.i (El tribuno Bruto a Coriolano)

Soy muy orgulloso, vengativo, ambicioso, con más disposición para hacer daño que ideas para concebirlo, imaginación para plasmarlo o tiempo para cumplirlo.
Hamlet, III.i (Hamlet a Ofelia)

La realeza
le viene muy ancha, como ropa de gigante
sobre un ladrón enano.
Macbeth, V.ii (Angus, refiriéndose a Macbeth)

Si la realeza cae en la locura,
el honor ha de ser franco.
El rey Lear, I.i (Kent a Lear)

¡Qué mezcla de razón e incoherencia!
¡Juicio en la locura!
El rey Lear, IV.v (Edgar, refiriéndose a la locura de Lear)

Yo vivo de pan como vosotros, siento privaciones
y dolor, necesito amigos. Así, tan sometido,
¿cómo podéis decirme que soy rey?

> *Ricardo II*, III.ii (RICARDO a Aumerle y Scroop)

Triste de mí, que no sé poner
el corazón en los labios.

> *El rey Lear*, I.i (CORDELIA a Lear)

REY LEAR   ¿Me llamas bobo, muchacho?
BUFÓN   Los demás títulos los has regalado; éste
   es de nacimiento.

> *El rey Lear*, I.iv

Al no poder como un enamorado
recrearme en estos días tan melifluos,
he decidido que seré un malvado.

> *Ricardo III*, I.i (RICARDO)

Yo no quiero el honor de sir Walter, con ese rictus.
Lo mío es la vida, y si puedo salvarla, bien; si no,
el honor vendrá sin que lo llamen.

> *Enrique IV*, 1.ª parte, V.iii (FALSTAFF, después
> de ver muerto en la batalla a un caballero)

Dame un hombre
que no sea esclavo de emociones, y le llevaré
en mi corazón; sí, en el corazón del corazón.
Hamlet, III.ɪɪ (Hᴀᴍʟᴇᴛ a Horacio)

No debías haberte hecho viejo hasta haber sido
sensato.
El rey Lear, I.ᴠ (El Bᴜғóɴ al rey)

El sabio no se sienta a lamentar sus penas,
sino que al punto evita el camino del lamento.
Ricardo II, III.ɪɪ (Obispo de Cᴀʀʟɪsʟᴇ al rey)

Tú eres el ser puro. El hombre desguarnecido no
es más que un pobre animal desnudo y de dos pa-
tas como tú.
El rey Lear, III.ɪᴠ (Lᴇᴀʀ, hablándole a Edgar,
que va disfrazado de mendigo desharrapado)

Su vida siempre tiene una belleza
que me afea.
Otelo, V.ɪ (Yᴀɢᴏ refiriéndose a Casio)

Si el diablo viniera a camelarla por un beso,
ésta lo convierte en puritano.
> *Pericles*, IV.IV (La ALCAHUETA, refiriéndose a
> Marina)

Mis manos ya tienen tu color,
pero me avergonzaría llevar
un corazón tan pálido.
> *Macbeth*, II.II (LADY MACBETH a Macbeth)

Aunque no sea honrado por naturaleza, a veces lo
soy por azar.
> *El cuento de invierno*, IV.IV (AUTÓLICO)

No sólo soy ingenioso, sino causa del ingenio en
los demás.
> *Enrique IV*, 2.ª parte, I.II (FALSTAFF)

El cobarde cría cobardes,
el ruin, sólo ruines.
> *Cimbelino*, IV.II (BELARIO, alabando la nobleza
> de Arvirago)

Viles son para el vil bondad y prudencia;
el sucio sólo huele suciedad.

> *El rey Lear*, IV.II (ALBANY a Goneril)

Un hombre honrado se defiende solo, pero un granuja, no.

> *Enrique IV*, 2.ª parte, V.I (DAVID al juez Simple)

Quien se marea cree que el mundo da vueltas.

> *La fierecilla domada*, V.II (La VIUDA)

Nunca ha habido un filósofo capaz
de aguantar el dolor de muelas con paciencia.

> *Mucho ruido por nada*, V.I (LEONATO)

El curso del pródigo
es igual que el del sol, pero sin vuelta atrás.

> *Timón de Atenas*, III.IV (CRIADO DE LUCIO)

La torpeza del bobo aguza el ingenio.

> *Como gustéis*, I.II (CELIA)

POLONIO   ¿Qué leéis, señor?
HAMLET   Palabras, palabras, palabras.
          Hamlet, II.II

El necio se cree sabio, pero el sabio se sabe necio.
          Como gustéis, V.I (PARRAGÓN a Guillermo)

Nadie se extravía más al extraviarse
que el sabio hecho necio. Tontuna que nace
del saber la apoyan sensatez y estudio,
la gracia que agracia al necio sesudo.
          Afanes de amor en vano, V.II (La PRINCESA de
          Francia)

Mejor un bobo ingenioso que un ingenio bobo.
          Noche de Reyes, I.V (FESTE a Olivia)

El alma alegre corre leguas;
la triste nunca aguanta.
          El cuento de invierno, IV.III (Canción de AUTÓ-
          LICO)

Prefiero un bufón que da alegría antes que experiencia que entristece.

> *Como gustéis*, IV.i (ROSALINA reprochándole a Jaime la melancolía causada por sus muchos viajes)

¡Cuánto mejor es llorar de alegría que alegrarse del llanto!

> *Mucho ruido por nada*, I.i (LEONATO)

Al encumbrado le agita el vendaval
y, si cae, se rompe en mil pedazos.

> *Ricardo III*, I.iii (MARGARITA)

Quien en la guerra hace más que el jefe,
se hace jefe de su jefe.

> *Antonio y Cleopatra*, III.i (VENTIDIO a Silio)

A quien más asombra la presteza es al negligente.

> *Antonio y Cleopatra*, III.vii (CLEOPATRA)

El cansancio
ronca sobre piedras mientras la molicie
encuentra dura la almohada.

> *Cimbelino*, III.vi (BELARIO)

AMOR

Romeo y Julieta en su despedida

Te quiero tanto con el alma que alma no me queda ya para jurarlo.
> *Mucho ruido por nada*, IV.I (Beatriz a Bene-
> dicto)

Mi amor no admite sustancia sedante.
> *Troilo y Crésida*, IV.IV (Crésida)

¿Qué tiene un nombre? Lo que llamamos rosa
sería tan fragante con cualquier otro nombre.
> *Romeo y Julieta*, II.I (Julieta, refiriéndose a Ro-
> meo)

¡Ah, buenas noches! Partir es tan dulce pena
que diré «buenas noches» hasta que amanezca.
> *Romeo y Julieta*, II.I (Julieta a Romeo)

JAIME   ¿Cómo es de alta?
ORLANDO   Me llega al corazón.
>   *Como gustéis*, III.II (Refiriéndose a la amada de
>   Orlando)

Los amantes
van siempre por delante del reloj.
>   *El mercader de Venecia*, II.VI (GRACIANO)

Modera tu amor y durará largo tiempo.
>   *Romeo y Julieta*, II.V (FRAY LORENZO a Romeo)

CLEOPATRA   Si de veras es amor, dime cuánto.
ANTONIO   Mezquino es el amor que se calcula.
>   *Antonio y Cleopatra*, I.I

¿Qué mujer de mérito
no alcanzó su amor poniendo su empeño?
>   *Todo bien si acaba bien*, I.I (HELENA)

Así como todo lo vivo es mortal, todo lo vivo enamorado se muere de tonto.
>   *Como gustéis*, II.IV (PARRAGÓN, el gracioso)

El amor es un azar para quien ama:
a unos mata con flechas; a otros, con trampas.
> *Mucho ruido por nada*, III.i (HERO)

Los hombres mueren y se pudren, pero no mueren de amor.
> *Como gustéis*, IV.i (ROSALINA a Orlando)

Duda que ardan los astros,
duda que se mueva el sol,
duda que haya verdad,
mas no dudes de mi amor.
> *Hamlet*, II.ii (POLONIO, leyendo una carta de
> Hamlet a Ofelia)

Amor ve con la mente, no con la vista;
por eso a Cupido dios ciego lo pintan.
> *El sueño de una noche de verano*, I.i (HELENA)

Si ciego es el amor,
congenia con la noche.
> *Romeo y Julieta*, III.ii (JULIETA)

Ven, noche gentil, noche tierna y sombría,
dame a mi Romeo y, cuando yo muera,
córtalo en mil estrellas menudas:
lucirá tan hermoso el firmamento
que el mundo, enamorado de la noche,
dejará de adorar al sol hiriente.

Romeo y Julieta, III.II (JULIETA)

Si habláis de amor, hablad quedo.

Mucho ruido por nada, II.I (DON PEDRO a Hero)

La cierva que se quiera aparear con el león
morirá de amores.

Todo bien si acaba bien, I.I (HELENA)

Mas ciego es el amor, y los amantes
no ven las tonterías que cometen.

El mercader de Venecia, II.VI (YÉSICA a Lorenzo)

El río del amor jamás fluyó tranquilo.

El sueño de una noche de verano, I.I (LISANDRO
a Hermia)

La verdad es que en estos tiempos amor y razón
no hacen buenas migas.
> *El sueño de una noche de verano*, III.i (FONDÓN)

Que se pierda mi alma
si no te quisiera y, cuando ya no te quiera,
habrá vuelto el caos.
> *Otelo*, III.iii (OTELO refiriéndose a Desdémona)

Si amor pides, bien; mejor, si lo ofrecen.
> *Noche de Reyes*, III.i (OLIVIA)

JULIA   No ama nada quien no muestra amor.
LUCETA   Pero ama aún menos quien luce su amor.
> *Los dos caballeros de Verona*, I.ii

No es amor
lo que se mezcla con cuestiones
ajenas a su objeto.
> *El rey Lear*, I.i (El REY DE FRANCIA)

Las razones del amor no son razones.
> *Cimbelino*, IV.ii (AVIRAGO)

Ser cuerdo en amores
no es para mortales; sólo para dioses.
Troilo y Crésida, III.ii (CRÉSIDA)

El amor lo que puede lo acomete.
Romeo y Julieta, II.i (ROMEO a Julieta)

La prosperidad es vínculo de amor,
cuyo fresco semblante y cuyo ánimo
los altera la aflicción.
El cuento de invierno, IV.iv (CAMILO)

¡Mi amor ha nacido de mi único odio!
Romeo y Julieta, I.v (JULIETA)

Os lo ruego, de mí no os enamoréis,
pues soy más falso que promesa de borracho.
Como gustéis, III.v (ROSALINA, disfrazada de
muchacho, a Febe)

Si no recuerdas la menor locura
que el amor te haya hecho cometer,
es que no has amado.
Como gustéis, II.iv (SILVIO a Corino)

Ver enamorados alimenta a los que aman.

> *Como gustéis*, III.iv (Rosalina a Corino y Celia)

Por más que nos jactemos,
nuestro amor es más ligero e inestable,
más ávido y cambiante, y se apaga
antes que el de una mujer.

> *Noche de Reyes*, II.iv (Orsino, hablando del
> amor de los hombres)

Su amor podría llamarse apetito,
no sentimiento; sólo excita el paladar.

> *Noche de Reyes*, II.iv (Orsino, hablando del
> amor de las mujeres)

Que los ojos negocien por sí mismos
y no se fíen de agentes: la belleza es una bruja
y la lealtad se funde en pasión con sus hechizos.

> *Mucho ruido por nada*, II.i (Claudio)

La amistad es en todo muy constante
menos en los oficios del amor.

> *Mucho ruido por nada*, II.i (Claudio)

No gimáis, bellas, no gimáis más.
Los hombres siempre engañan:
un pie en la orilla, otro en el mar,
y constantes en nada.

Mucho ruido por nada, II.III (Canción de Bal-
tasar)

MARIDOS, MUJERES, SEXUALIDAD

Otelo y Desdémona reunidos en Chipre
tras la derrota de los turcos

Los hombres son abril cuando son novios, y diciembre de casados. Las muchachas son mayo de muchachas, pero al casarse el cielo cambia.

Como gustéis, IV.i (ROSALINA)

El joven casado es hombre cascado.

Todo bien si acaba bien, II.iii (PAROLES)

Marido es a bobo como arenque es a sardina: el arenque es sardina, pero más.

Noche de Reyes, III.i (FESTE, el bufón, a Viola)

Cuando dije que moriría soltero, no pensé que viviría para casarme.

Mucho ruido por nada, II.iii (BENEDICTO)

Don Pedro   Supongo que ésta es vuestra hija.
Leonato   Su madre siempre me lo ha dicho.
Mucho ruido por nada, I.i

¡Ay de la mujer que no sabe achacar sus faltas al marido! Si cría a sus hijos ella misma, los criará tontos.
Como gustéis, IV.i (Rosalina)

¿No sabes que soy mujer? Lo que me viene lo digo.
Como gustéis, III.ii (Rosalina)

Ah, Belleza, hasta ahora no te conocía.
Enrique VIII, I.iv (El Rey al fijarse en Ana Bolena)

La dama que es joven y hermosa
tiene un don para saberlo.
Como gustéis, II.vii (Jaime, citando palabras del bufón, a quien acaba de conocer)

Mira la belleza
y verás que la compran al peso.
El mercader de Venecia, III.ii (Basanio)

La belleza puede transformar la honestidad en alcahueta antes que la honestidad vuelva honesta a la belleza.

> *Hamlet*, III.i (HAMLET a Ofelia)

¡Vete a un convento! ¿Es que quieres criar pecadores?

> *Hamlet*, III.i (HAMLET a Ofelia)

[La virginidad] es una mercancía que se desluce arrumbada: cuanto más se guarda menos vale.

> *Todo bien si acaba bien*, I.i (PAROLES a Helena)

Señora, sois la más cruel de las mujeres
si os lleváis vuestras gracias a la tumba
sin dejarle copia al mundo.

> *Noche de Reyes*, I.v (VIOLA, disfrazada de Cesario, a Olivia)

Serás más casta que el hielo y más pura que la nieve, y no podrás evitar la calumnia.

> *Hamlet*, III.i (HAMLET a Ofelia)

Rómpele el cristal de su pureza y haz que el resto sea más flexible.

Pericles, IV.IV (La ALCAHUETA a Flecha, refiriéndose a Marina)

Me empuja la carne, y cuando empuja el diablo ya no hay freno.

Todo bien si acaba bien, I.III (LAVATCH, el bufón)

No des rienda suelta
a los retozos. El más firme juramento es paja
para el fuego de la carne.

La tempestad, IV.I (PRÓSPERO a Fernando)

[La bebida] provoca el deseo, pero impide gozarlo.

Macbeth, II.III (El PORTERO)

¿No es admirable que el deseo sobreviva tantos años a la acción?

Enrique IV, 2.ª parte, II.IV (POINS al príncipe, refiriéndose a Falstaff)

Vuestra hija y el moro están jugando a la bestia de dos espaldas.

> *Otelo*, I.I (YAGO a Brabancio, padre de Desdémona)

Toda traba en el curso del deseo
da ocasión a más deseo.

> *Todo bien si acaba bien*, V.III (BERTRÁN al rey de Francia)

Al final el placer siempre se paga.

> *Noche de Reyes*, II.IV (FESTE el bufón)

Señor, cuidado con los celos.
Son un monstruo de ojos verdes que se burla del pan que lo alimenta.

> *Otelo*, III.III (YAGO a Otelo)

Los celos son un monstruo
engendrado y nacido de sí mismo.

> *Otelo*, III.IV (EMILIA a Desdémona)

La que todo lo luce ofusca al marido.

> *El mercader de Venecia*, V.I (PORCIA)

¡Maldición de matrimonio!
¡Llamar nuestras a tan gratas criaturas
y no a sus apetencias!
Otelo, III.iii (OTELO)

Todos son estómagos y nosotras, comida.
Nos comen con hambre y, una vez llenos,
nos eructan.
Otelo, III.iv (EMILIA a Desdémona)

Cediendo, ellos mandan; resistiendo, imploran.
Troilo y Crésida, I.ii (CRÉSIDA)

Flaqueza, te llamas mujer.
Hamlet, I.ii (HAMLET)

Vivirán
en la náusea y el sudor de una cama pringosa,
cociéndose en el vicio y la inmundicia
entre arrullos y ternezas.
Hamlet, III.iv (HAMLET a su madre, refiriéndose a las manchas de su infidelidad y su actual
matrimonio)

POMPEYO   Se llevan a la cárcel a ese hombre.

DOÑA REGOZADA   ¿Qué ha hecho?

POMPEYO   Un hijo.

DOÑA REGOZADA   ¿Y eso es un crimen?

POMPEYO   Pescó a mano en río prohibido.

Medida por medida, I.II

PRUDENCIA
E IMPRUDENCIA

Enrique IV, 2.ª parte. El Justicia Mayor del reino y Falstaff

Prudente y despacio. Quien corre, tropieza.
> *Romeo y Julieta*, II.ɪɪ (Fʀᴀʏ Lᴏʀᴇɴᴢᴏ a Romeo)

La mejor parte del valor es la prudencia.
> *Enrique IV*, 1.ª parte, V.ɪᴠ (Fᴀʟsᴛᴀғғ, después
> de fingirse muerto en la batalla para evitar que
> lo maten)

Es la luz del día lo que saca a la víbora
y nos obliga a caminar con tiento.
> *Julio César*, II.ɪ (Mᴀʀᴄᴏ Bʀᴜᴛᴏ)

Quiere a todos, confía en pocos.
> *Todo bien si acaba bien*, I.ɪ (La Cᴏɴᴅᴇsᴀ a su
> hijo Bertrán)

Que reprueben tu silencio,
mas nunca tu palabra.

Todo bien si acaba bien, I.I (La CONDESA a su
hijo Beltrán)

El silencio es el mejor heraldo de la dicha.

Mucho ruido por nada, II.I (CLAUDIO)

La lengua de muchos criados causa la ruina del
amo.

Todo bien si acaba bien, II.IV (LAVATCH, el bufón)

La buena palabra es mejor que el mal golpe.

Julio César, V.I (MARCO BRUTO a Octavio)

Si al robo sonríes, robas al ladrón:
te robas si lloras un vano dolor.

Otelo, I.III (El DUX a Brabancio)

Si es grande el peligro,
hurtarse a su vista es hurto legítimo.

Macbeth, II.III (MALCOLM)

El temor es la mejor defensa.
> *Hamlet*, I.III (LAERTES a Ofelia)

Quien no toma lo que busca cuando se lo ofrecen nunca volverá a encontrarlo.
> *Antonio y Cleopatra*, II.VII (MENAS, comentando para sí la negativa de Pompeyo a matar a los triunviros)

Más vale jugar con un leoncillo
que con león viejo y moribundo.
> *Antonio y Cleopatra*, III.XIII (ENOBARBO, monologando sobre la petulancia de Tidias ante Antonio)

Callar no es renunciar.
> *Como gustéis*, III.V (FEBE a Silvio)

Suelta la gran rueda que corre cuesta abajo, no sea que te mates por seguirla; pero, si va cuesta arriba, deja que tire de ti.
> *El rey Lear*, II.II (El BUFÓN a Kent, que está preso en el cepo)

Lo pasado y sin remedio
quede sin lamento.

> *El cuento de invierno*, III.ii (PAULINA)

Tus ideas no sean prisiones.

> *Antonio y Cleopatra*, V.ii (OCTAVIO CÉSAR a
> Cleopatra, prisionera)

Las heridas que uno se hace, mal se curan.

> *Troilo y Crésida*, III.iii (PATROCLO)

Lo bueno a veces falla queriendo mejorarlo.

> *El rey Lear*, I.iv (ALBANY)

Ni tomes ni des prestado, pues dando
se suele perder préstamo y amigo,
y tomando se vicia la buena economía.

> *Hamlet*, I.iii (POLONIO a su hijo Laertes)

Quien construye sobre el corazón del vulgo
tiene casa inestable e insegura.

> *Enrique IV*, 2.ª parte, I.iii (El ARZOBISPO DE
> YORK, criticando el apoyo de la plebe al rey
> usurpador)

No le calentéis
tanto el horno a un enemigo que salgáis
vos quemado.
> *Enrique VIII*, I.I (Norfolk a Buckingham, que
> odia al cardenal Wolsey)

No provoques a un desesperado.
> *Romeo y Julieta*, V.III (Romeo a Paris, ante la
> tumba de Julieta)

No denigres la lealtad que tú no entiendes.
> *El sueño de una noche de verano*, III.II (Deme-
> trio a Lisandro)

A lobo dormido no se le despierta.
> *Enrique IV*, 2.ª parte, I.II (El Justicia Mayor)

Inquietarse no aquieta, sino agrava
cuando se hace por cosas sin remedio.
> *Enrique VI*, 1.ª parte, III.III (Juana la Doncella,
> o Juana de Arco)

ASTUCIA, FINGIMIENTO, ENGAÑO

Yago intentando convencer a Otelo de la infidelidad
de Desdémona

Cuando un ruin que es rico necesita a uno pobre,
el pobre puede poner el precio que le plazca.
> *Mucho ruido por nada*, III.iii (BORRAQUIO)

No hay máscara alguna que le cuadre tanto
a la villanía como el dulce halago.
> *Pericles*, IV, 2.º Coro (GOWER)

La honra no es más que una atribución vana y falsa que suele ganarse sin mérito y perderse sin motivo.
> *Otelo*, II.iii (YAGO a Casio, tras haber maquinado su destitución)

Quien me quita la honra, me roba
lo que no le hace rico y a mí me empobrece.
> *Otelo*, III.iii (YAGO a Otelo, fingiendo ocultarle la supuesta infidelidad de su mujer)

La ceremonia se inventó para dar brillo
a gestos indolentes.
> *Timón de Atenas*, I.ii (TIMÓN)

Cuando el afecto empieza a marchitarse,
se vuelve forzada ceremonia.
> *Julio César*, IV.ii (BRUTO, refiriéndose a la acti-
> tud de Casio)

Palabras no pagan deudas.
> *Troilo y Crésida*, III.ii (PÁNDARO a Troilo)

Conciencia es palabra de cobardes,
ideada para inspirar temor en hombres fuertes.
> *Ricardo III*, V.v (RICARDO)

¿Sabes de algún pródigo al que hayan querido tras
perder sus bienes?
> *Timón de Atenas*, IV.iii (APEMANTO a Timón)

Vuelan mis palabras, queda el pensamiento.
Palabras vacías no suben al cielo.
> *Hamlet*, III.iii (El rey CLAUDIO)

La virtud es vicio cuando sufre abuso
y a veces el vicio puede dar buen fruto.

> *Romeo y Julieta*, II.II (FRAY LORENZO)

El gesto es la elocuencia en estos casos,
y el ojo del profano, más sabio que su oído.

> *Coriolano*, III.II (VOLUMNIA a Coriolano, instru-
> yéndole sobre el modo de ganarse el voto de los
> plebeyos)

Si quieres provocar un gran incendio,
empieza con paja menuda.

> *Julio César*, I.III (CASIO a Casca)

Ahorro, Horacio, ahorro: los pasteles funerarios
han sido el plato frío de la boda.

> *Hamlet*, I.II (HAMLET, comentando que la muer-
> te de su padre y la boda de su madre vinieron
> muy seguidas)

Cuando le digo que odia a los aduladores,
dice que sí, y es cuando más le adulo.

> *Julio César*, II.I (DECIO refiriéndose a César)

Quien trabaja por la paga
y sirve por conveniencia,
en cuanto llueve se larga
y te deja en la tormenta.

> *El rey Lear*, II.ii (El Bufón a Kent, preso en el
> cepo)

El diablo cita la Biblia en su provecho.

> *El mercader de Venecia*, I.iii (Antonio, refirién-
> dose al judío Shylock)

Los hombres deben ser lo que parecen;
los que no lo son, ojalá no lo parezcan.

> *Otelo*, III.iii (Yago a Otelo)

Falso rostro esconda a nuestro falso pecho.

> *Macbeth*, I.vii (Macbeth a Lady Macbeth)

¡Cuánto puede uno ocultarse,
aunque por fuera sea un ángel!

> *Medida por medida*, III.i (El Duque)

Uno puede sonreír y sonreír, siendo un infame.

> *Hamlet*, I.v (Hamlet)

Donde estamos,
en sonrisas hay puñales.
Macbeth, II.iii (DONALBAIN)

Cuando roban los jueces, los ladrones
tienen potestad para robar.
Medida por medida, II.ii (ANGELO)

Ser falso en la abundancia
es peor que mentir en la miseria, y la falsía
es más grave en reyes que en mendigos.
Cimbelino, III.vi (INOGENIA)

Ve cómo ese juez maldice a ese pobre ladrón. Un
leve susurro, cambias los papeles y, china, china,
¿quién es el juez y quién el ladrón?
El rey Lear, IV.v (LEAR a Gloster)

¿Tiene la amistad un corazón tan débil y cobarde
que cambia en menos de dos noches?
Timón de Atenas, III.i (FLAMINIO)

Mejor así y saber que te desprecian
que despreciado y halagado.

> *El rey Lear*, IV.i (EDGAR, disfrazado de men-
> digo)

Con un cebo
de mentiras pescas el pez de la verdad.

> *Hamlet*, II.i (POLONIO a su criado Reinaldo)

Con ella, moro, siempre vigilante:
si a su padre engañó, puede engañarte.

> *Otelo*, I.iii (BRABANCIO a Otelo, refiriéndose a
> Desdémona)

Los que sutilizan con palabras muy pronto las per-
vierten.

> *Noche de Reyes*, III.i (VIOLA a Feste, el bufón)

Ponte ojos de cristal
y, como el vil marrullero, aparenta
ver lo que no ves.

> *El rey Lear*, IV.v (LEAR a Gloster ciego)

No enseñes a tu boca tal desdén, pues se hizo
para el beso, señora, no para el desaire.

Ricardo III, I.II (RICARDO, seduciendo a Lady
Ana)

MODERACIÓN
Y EXCESO

Otelo. Casio emborrachándose, con Yago y otros

No es hombría, sino locura,
enfrentarse a un edificio que se hunde.

> *Coriolano*, III.i (COMINIO, censurando la temeridad de Coriolano)

Demos un corte que sea leve
sin lanzarnos a aplastar.

> *Medida por medida*, II.i (ESCALO a Angelo, aconsejándole mesura en los castigos contra el libertinaje)

Disfrazar la propia perfección
siempre ha sido una prueba de excelencia.

> *Mucho ruido por nada*, II.iii (DON PEDRO)

El silencio de la pura inocencia
suele convencer cuando fracasa el habla.

> *El cuento de invierno*, II.ii (PAULINA a Emilia)

Para subir montes empinados
empezad a paso lento.

> *Enrique VIII*, I.i (Norfolk a Buckingham)

Lo breve es el alma del buen juicio.

> *Hamlet*, II.ii (Polonio, invocando un principio
> que no cumple)

El cuento honrado mejor contarlo llano.

> *Ricardo III*, IV.iv (La Reina Isabel a Ricardo)

Si hay pocas palabras, no se han de gastar:
si alientan dolor, alientan verdad.

> *Ricardo II*, II.i (Gante, moribundo)

Que alabe más quien guste de ese tono;
lo que no vendo, yo no lo pregono.

> *Soneto 21*, 13-14

El fuego violento muy pronto se consume.

> *Ricardo II*, II.i (Gante)

Envainad las espadas brillantes, que el rocío
va a oxidarlas.

> *Otelo*, I.ii (OTELO a Brabancio, Rodrigo y guardias)

Así como el hartazgo es el padre del ayuno,
el uso que se vuelve inmoderado
acaba en constricción.

> *Medida por medida*, I.ii (CLAUDIO)

¿Cuándo es demasiado lo que es bueno?

> *Como gustéis*, IV.i (ROSALINA a Orlando)

La tentación
más peligrosa es la que empuja a pecar
por amor a la virtud.

> *Medida por medida*, II.ii (ANGELO)

El amor y la humildad, señor,
le cuadran más que la ambición a un eclesiástico.

> *Enrique VIII*, V.ii (CRANMER al arzobispo de Winchester)

OLIVIA   ¿A qué se parece un borracho, bufón?

FESTE   A un ahogado, a un tonto y a un loco. Un trago de más lo vuelve tonto, un segundo lo enloquece y un tercero lo ahoga.

Noche de Reyes, I.v

No estar acostado después de medianoche equivale a madrugar.

Noche de Reyes, II.III (DON TOBÍAS, justificando el trasnochar)

Como dos nadadores extenuados que se agarran e impiden su destreza.

Macbeth, I.II (Un CAPITÁN describiendo una batalla agotadora)

El alma de este hombre es su ropa.

Todo bien si acaba bien, II.v (LAFEU a Bertrán, refiriéndose a Paroles)

La moda gasta la ropa más que el hombre.

Mucho ruido por nada, III.III (CONRADO a Borraquio)

NERISA   Tanto enferma el que se harta como el que no come, así que no es poca virtud encontrar el justo medio: el exceso envejece muy pronto; la templanza da más vida.

PORCIA   Buenos aforismos y bien formulados.

NERISA   Mejores serán si los observamos.

PORCIA   Si hacer fuese tan fácil como saber lo que conviene, las capillas serían catedrales y las cabañas, palacios. El buen sacerdote cumple su propia doctrina.

El mercader de Venecia, I.II

La cólera es
como un caballo desbocado que, sin freno,
se agota con su brío.

Enrique VIII, I.I (NORFOLK)

La ira
nunca supo vigilarse.

Antonio y Cleopatra, IV.I (MECENAS refiriéndose a Antonio)

Entiendo el furor de tus palabras, mas no las palabras.

Otelo, IV.II (DESDÉMONA a Otelo)

Desde que hicieron callar al poco ingenio del bufón, la poca bobería del cuerdo luce mucho.

Como gustéis, I.II (CELIA)

Más sustancia y menos arte.

Hamlet, II.II (La REINA a Polonio)

ANTONIO   Tú eres sólo un soldado. Ya basta.

ENOBARBO   Casi olvidaba que la verdad debe
callar.

ANTONIO   Ofendes a los presentes, conque no
sigas.

ENOBARBO   Muy bien. Servidor piedra pensante.

Antonio y Cleopatra, II.II

ODIO, VIOLENCIA, CRIMEN

Los sicarios de Macbeth disponiéndose a asesinar
a la familia de Macduff

¿Qué rey es tan fuerte
que frene la hiel de la lengua hiriente?
Medida por medida, III.I (El DUQUE)

El diente del dolor más envenena
cuando muerde sin dejar herida abierta.
Ricardo II, I.III (BOLINGBROKE)

La peor es la herida honda.
Los dos caballeros de Verona, V.IV (VALENTÍN)

Ah, Goneril, no mereces ni el polvo
que el áspero viento te sopla a la cara.
El rey Lear, IV.II (ALBANY, reprobando la cruel-
dad de su mujer con Lear, su propio padre)

Me enseñaste a hablar, y mi provecho
es que sé maldecir.

> *La tempestad*, I.ɪɪ (Calibán a Miranda)

Las maldiciones
nunca pasan de los labios que las lanzan.

> *Ricardo III*, I.ɪɪɪ (Buckingham)

¡Ojalá yo fuese un hombre! ¡Me comería su corazón en plena calle!

> *Mucho ruido por nada*, IV.ɪ (Beatriz a Benedic-
> to, refiriéndose a Claudio)

Le dimos un tajo a la serpiente sin matarla.

> *Macbeth*, III.ɪɪ (Macbeth a Lady Macbeth)

Y ahora, que actúe. Discordia, en marcha estás.
Toma el rumbo que quieras.

> *Julio César*, III.ɪɪ (Marco Antonio, tras haber
> incitado al pueblo contra los conjurados)

Puedes deponerme de gloria y poder,
mas no de mis penas: de éstas soy rey.

> *Ricardo II*, IV.ɪ (Ricardo)

Tratad a cada uno como se merece y, ¿quién escapa al látigo?

> *Hamlet*, II.ii (HAMLET en respuesta a Polonio)

Es magnífico
tener la fuerza de un gigante, pero tiránico
usarla como un gigante.

> *Medida por medida*, II.ii (ISABEL a Angelo)

Mi poder sobre ti es para salvarte;
mi odio contra ti es mi perdón.

> *Cimbelino*, V.iv (PÓSTUMO a Yáquimo, que ha confesado sus delitos)

No acoséis tanto
a un hombre cuando cae. Virtud obliga.

> *Enrique VIII*, III.ii (El lord CHAMBELÁN a Surrey, refiriéndose a Wolsey)

Y el arte, amordazado por el mando.

> *Soneto 66*, 9

El hereje
será el que hace el fuego, no la que arde.
>	*El cuento de invierno*, II.III (PAULINA a Leontes,
>	que la ha amenazado con la hoguera)

REY LEAR   ¿Tú has visto a algún perro guardián
ladrar a un mendigo?
GLOSTER   Sí, señor.
REY LEAR   Y el pobre hombre huye del chucho.
Ahí tienes la imagen perfecta de la autoridad:
al perro le obedecen por su cargo.
>	*El rey Lear*, IV.V

Yo he dado el pecho y sé
lo dulce que es amar al niño que amamantas;
cuando estaba sonriéndome, habría podido
arrancarle mi pezón de sus encías
y estrellarle los sesos si lo hubiese
jurado como tú has jurado esto.
>	*Macbeth*, I.VII (LADY MACBETH a Macbeth)

Lo descosió del ombligo a las mandíbulas
y plantó su cabeza en las almenas.
>	*Macbeth*, I.II (El CAPITÁN a Duncan y Malcolm,
>	relatándoles la violencia de Macbeth en la ba-
>	talla)

Me atrevo
a todo lo que sea digno de un hombre.
Quien a más se atreva, no lo es.
> *Macbeth*, I.VII (MACBETH a Lady Macbeth)

Estoy tan adentro
en un río de sangre que, si ahora me estanco,
no será más fácil volver que cruzarlo.
> *Macbeth*, III.IV (MACBETH, aludiendo a sus víctimas)

Desde ahora,
las primicias de mi pecho serán
las primicias de mi mano.
> *Macbeth*, IV.I (MACBETH, decidido a no dudar ante un asesinato)

Lo que el mal emprende con mal se refuerza.
> *Macbeth*, III.II (MACBETH a Lady Macbeth)

Los pulgares me hormiguean:
algo malvado se acerca.
> *Macbeth*, IV.I (BRUJA 2.ª)

MACBETH   Bien, sombrías y enigmáticas
   brujas de medianoche. ¿Qué hacéis?
TODAS   Una acción sin nombre.
      Macbeth, IV.I

            El crimen,
aunque es mudo, al final habla
con lengua milagrosa.
      Hamlet, II.II (HAMLET)

Aún queda olor a sangre. Todos los perfumes de
Arabia no darán fragancia a esta mano mía.
      Macbeth, V.I (LADY MACBETH, sonámbula)

            Almas viciadas
descargan sus secretos a una almohada sorda.
      Macbeth, V.I (El MÉDICO, tras oír a Lady Mac-
      beth revelar su crimen en estado de sonambu-
      lismo)

116

ARTE Y MÚSICA

Noche de Reyes. En el palacio del duque Orsino

Es un arte
que enmienda a la naturaleza, la cambia,
pero el arte mismo es naturaleza.

> *El cuento de invierno*, IV.IV (POLÍXENES a Perdi-
> ta, sobre la hibridación de flores)

¿Qué fino cincel
pudo esculpir aliento?

> *El cuento de invierno*, V.III (LEONTES a Paulina,
> ante la estatua viviente de la reina)

La naturaleza no tiene
con qué emular la fantasía en raras formas.

> *Antonio y Cleopatra*, V.II (CLEOPATRA)

En la música hay tal fuerza
que a las ansias y las penas
las adormece o apaga.

> *Enrique VIII*, III.I (Canción de una DAMA de Ca-
> talina de Aragón)

La música tiene tal encanto
que al mal hace bueno y al bien lleva al daño.
Medida por medida, IV.I (El Duque)

Si el amor se alimenta de música,
seguid tocando; dádmela en exceso,
que, saciándome, repugne al apetito y muera.
Noche de Reyes, I.I (Orsino)

¡Ah, divina melodía! ¡Ah, su alma se embelesa!
¿No es asombroso que unas tripas de oveja le sa-
quen a un hombre el alma del cuerpo?
Mucho ruido por nada, II.III (Benedicto)

Para la música tengo bastante buen oído. ¡Que
traigan el cencerro y la carraca!
El sueño de una noche de verano, IV.I (Fondón
a Titania)

¡Qué amarga es la música dulce
cuando no se observa ritmo ni medida!
Así ocurre en la música del hombre.
Ricardo II, V.V (Ricardo)

El hombre sin música en el alma,
insensible a la armonía de dulces sonidos,
sólo sirve para intrigas, traiciones y rapiñas.

El mercader de Venecia, V.I (LORENZO a Yésica)

MUERTE Y MORTALIDAD

Hamlet en el cementerio mirando la calavera de Yorick,
con Horacio y el enterrador

Nada podemos llamar nuestro, salvo la muerte.
> *Ricardo II*, III.II (RICARDO)

El mundo es ciudad de calles dispersas;
la muerte es la plaza que a todos congrega.
> *Los dos nobles parientes*, I.V (La REINA 3.ª a las
> otras reinas en el funeral por sus esposos)

Cual olas que a la playa van llegando,
avanzan a su fin nuestros instantes.
> *Soneto 60*, 1-2

GLOSTER ¡Ah, dejad que os bese la mano!
REY LEAR Antes deja que la limpie; huele a mortalidad.
> *El rey Lear*, IV.V

El hombre ha de sufrir
el dejar este mundo igual que el haber venido.
La madurez lo es todo.

> *El rey Lear*, V.II (Edgar a Gloster)

Los fármacos
alargan nuestra vida, y la muerte
también atrapa al médico.

> *Cimbelino*, V.IV (Cimbelino al doctor Cornelio)

¿Por qué ha de vivir un perro, un caballo, una rata
y en ti no hay aliento?

> *El rey Lear*, V.III (Lear, ante el cadáver de su hija
> Cordelia)

La muerte angustia más al concebirla;
el pobre escarabajo que pisamos
siente un dolor físico tan grande
como un gigante cuando muere.

> *Medida por medida*, III.I (Isabel a Claudio)

Como a ratas
que devoran su veneno, el mal que deseamos
nos da sed, y beber nos trae la muerte.

> *Medida por medida*, I.II (Claudio)

Sólo se muere una vez: a Dios le debemos una muerte.

> *Enrique IV*, 2.ª parte, III.II (FLOJO a Bardolfo)

Quien muere paga sus deudas.

> *La tempestad*, III.II (ESTEBAN a Trínculo)

Segando veinte años de vida
segamos veinte años de miedo a la muerte.

> *Julio César*, III.I (CASCA)

Quedo yo
para yo mismo matarme.

> *Antonio y Cleopatra*, IV.XIV (ANTONIO)

Todo esclavo tiene en sus manos
el poder de abolir su cautiverio.

> *Julio César*, I.III (CASCA a Casio, refiriéndose al suicidio)

¿Es pecado
lanzarse a la casa secreta de la muerte
antes que la muerte ose venir?

> *Antonio y Cleopatra*, IV.XV (CLEOPATRA)

Ser o no ser, ésa es la cuestión.
Hamlet, III.i (Hamlet)

Termina, majestad. El claro día se apaga
y vamos a las sombras.
Antonio y Cleopatra, V.ii (Eira a Cleopatra, ani-
mándola a que cumpla su plan de suicidarse)

Si he de morir,
saldré al encuentro de la noche, y en mis brazos
la estrecharé como a una novia.
Medida por medida, III.i (Claudio a Isabel)

Mas ¿quién iba a pensar que el viejo tendría tanta
sangre?
Macbeth, V.i (Lady Macbeth sonámbula, refiriéndose al rey Duncan, asesinado por Macbeth)

Príncipe   Pensé que ya no volveríais a hablar.
Rey   Enrique, tu deseo fue el padre de esa idea.
Enrique IV, 2.ª parte, IV.iii (El príncipe heredero acababa de llevarse la corona, creyendo
muerto a su padre el rey)

PÓSTUMO   Estoy más contento de morir que tú de vivir.

CARCELERO   Seguro: el que duerme no tiene dolor de muelas.
>   *Cimbelino*, V.III

Muerto y hecho barro, el imperial César
rellena un boquete y el aire intercepta.
>   *Hamlet*, V.I (HAMLET)

Yace donde la leve espuma del mar
bata a diario tu lápida.
>   *Timón de Atenas*, IV.III (TIMÓN previendo su muerte y refiriéndose a su tumba)

Me hundo tanto en sangre
que ya no hay pecado que otro no arrastre.
>   *Ricardo III*, IV.II (RICARDO, refiriéndose a sus víctimas)

La voz de un moribundo
cual honda armonía fuerza la atención.
>   *Ricardo II*, II.I (GANTE en su lecho de muerte)

En su vida
nada le honró tanto como el modo de dejarla.
Macbeth, I.IV (MALCOLM refiriéndose a la ejecución de Cawdor)

Los vivos adulan al que muere.
Ricardo II, II.I (GANTE, en su lecho de muerte, a Ricardo)

Duncan está en la tumba:
tras la fiebre convulsa de la vida duerme bien.
Macbeth, III.II (MACBETH a Lady Macbeth)

La Muerte, que robó la dulzura de tu aliento,
no ha rendido tu belleza.
Romeo y Julieta, V.III (ROMEO ante Julieta, a quien cree muerta)

Pregunta por mí mañana y me verás mortuorio.
Romeo y Julieta, III.I (MERCUCIO, herido de muerte, a Romeo)

Incauto y noble Clarence, te quiero tanto
que pronto he de enviar tu alma al cielo.

> *Ricardo III*, I.i (RICARDO, planeando la muerte
> de su hermano Clarence)

Te besé antes de matarte. Ahora ya puedo,
después de matarme, morir con un beso.

> *Otelo*, V.ii (OTELO, ante el cadáver de Desdé-
> mona)

ROSENCRANTZ   Señor, ¿qué habéis hecho con el
cadáver?
HAMLET   Mezclarlo con el polvo, su pariente.

> *Hamlet*, IV.ii

REY   Bien, Hamlet, ¿dónde está Polonio?
HAMLET   De cena.
REY   ¿De cena? ¿Dónde?
HAMLET   No donde come, sino donde es comi-
do: tiene encima una asamblea de gusanos po-
líticos.

> *Hamlet*, IV.iii

¿No podría ser la [calavera] de un abogado? ¿Dónde están ahora sus argucias, sus distingos, sus pleitos, sus títulos, sus mañas?

> *Hamlet*, V.I. (HAMLET a Horacio, frente a una calavera)

Vete a la estancia de tu señora y dile que, por más que se embadurne, acabará con esta cara.

> *Hamlet*, V.I (HAMLET, hablándole a la calavera del bufón Yorick)

El resto es silencio.

> *Hamlet*, V.II (Últimas palabras de HAMLET)

PASAJES
SELECTOS

COMEDIAS Y TRAGICOMEDIAS

El sueño de una noche de verano. Fondón, con cabeza
de asno, y las hadas

COMEDIAS Y
TRAGICOMEDIAS

El sueño de una noche de verano, II.i (Encuentro de un hada con el duende Robín)

HADA
  Si yo no confundo tu forma y aspecto,
  tú eres el espíritu bribón y travieso
  que llaman Robín. ¿No eres tú, quizá?
  ¿Tú no asustas a las mozas del lugar,
  trasteas molinillos, la leche desnatas,
  haces que no saquen manteca en las casas
  o que la cerveza no levante espuma,
  se pierda el viajero de noche, y te burlas?
  A los que te llaman «el trasgo» y «buen duende»
  te agrada ayudarles, y ahí tienen suerte.
  ¿No eres el que digo?
ROBÍN
                    Muy bien me conoces:
  yo soy ese alegre andarín de la noche.
  Divierto a Oberón, que ríe de gozo
  si burlo a un caballo potente y brioso
  relinchando a modo de joven potrilla.

137

Acecho en el vaso de vieja cuentista
en forma y aspecto de manzana asada;
asomo ante el labio y, por la papada,
cuando va a beber, vierto la cerveza.
Al contar sus cuentos, esta pobre vieja
a veces me toma por un taburete:
le esquivo el trasero, al suelo se viene,
grita «¡Qué culada!», y tose sin fin.
Toda la compaña se echa a reír,
crece el regocijo, estornudan, juran
que un día tan gracioso no han vivido nunca.

El sueño de una noche de verano, V.I (Diálogo de
Teseo e Hipólita)

Hipólita
   La historia de estos amantes, Teseo, es asombrosa.
Teseo
   Más asombrosa que cierta. Yo nunca he creído
en historias de hadas ni en cuentos quiméricos.
Amantes y locos tienen mente tan febril
y fantasía tan creadora que conciben
mucho más de lo que entiende la razón.
El lunático, el amante y el poeta
están hechos por entero de imaginación.
El loco ve más diablos de los que llenan
el infierno. El amante, igual de alienado,

ve la belleza de Helena en la cara de una zíngara.
El ojo del poeta, en divino frenesí,
mira del cielo a la tierra, de la tierra al cielo
y, mientras su imaginación va dando cuerpo
a objetos desconocidos, su pluma
los convierte en formas y da a la nada impalpable
un nombre y un espacio de existencia.
La viva imaginación actúa de tal suerte
que, si llega a concebir alguna dicha,
cree en un inspirador para esa dicha;
o, de noche, si imagina algo espantoso,
es fácil que tome arbusto por oso.

HIPÓLITA

Mas los sucesos de la noche así contados
y sus almas a la vez transfiguradas
atestiguan algo más que fantasías
y componen un todo consistente,
por extraño y asombroso que parezca.

El mercader de Venecia, III.i (Shylock, decidido
a vengarse de Antonio)

SHYLOCK Me deshonra y me fastidia medio millón,
se ríe de mis pérdidas, se burla de mis ganan-
cias, se mofa de mi pueblo, me estropea los ne-
gocios, enfría a mis amigos, calienta a mis enemi-
gos. ¿Y por qué? Soy judío. Un judío, ¿no tiene

ojos? Un judío, ¿no tiene manos, órganos, miembros, sentidos, deseos, emociones? ¿No come la misma comida, no le hieren las mismas armas, no le aquejan las mismas dolencias, no se cura de la misma manera, no le calienta y enfría el mismo verano e invierno que a un cristiano? Si nos pincháis, ¿no sangramos? Si nos hacéis cosquillas, ¿no reímos? Si nos envenenáis, ¿no morimos? Y si nos ofendéis, ¿no vamos a vengarnos? Si en lo demás somos como vosotros, también lo seremos en esto. Si un judío ofende a un cristiano, ¿qué humildad le espera? La venganza. Si un cristiano ofende a un judío, ¿cómo ha de pagarlo según el ejemplo cristiano? ¡Con la venganza! La maldad que me enseñáis la ejerceré, y malo será que no supere al maestro.

El mercader de Venecia, IV.ı (Porcia, disfrazada de juez, pide clemencia a Shylock)

Porcia
El don de la clemencia no se impone.
Como la lluvia suave, baja del cielo
a la tierra. Imparte doble bendición,
pues bendice a quien da y a quien recibe.
Suprema en el poder supremo, sienta
al rey entronizado mejor que la corona.

El cetro revela el poder temporal,
signo de majestad y de grandeza,
que infunde respeto y temor al soberano.
Mas la clemencia señorea sobre el cetro:
su trono está en el pecho del monarca;
es una perfección de la divinidad,
y el poder terrenal se muestra más divino
si la clemencia modera a la justicia.

Como gustéis, II.1 (El duque habla de su nueva vida en el Bosque de Arden)

DUQUE
  Compañeros y hermanos de destierro,
¿verdad que la costumbre hace esta vida
más grata que la del falso oropel?
Aquí en la floresta, ¿no hay menos peligro
que en la pérfida corte? Aquí no sufrimos
el castigo de Adán, el cambio de las estaciones:
ved el helado colmillo y el áspero azote
del viento invernal; cuando pega y me corta
hasta hacerme tiritar, yo sonrío y digo:
«Éstos no adulan. Son consejeros
que me hacen sentir lo que soy».
Dulce es el fruto de la adversidad,
que, como el sapo feo y venenoso,
lleva siempre una gema en la cabeza;

así, nuestra vida, aislada del trato social,
halla lenguas en los árboles, libros en los arroyos,
sermones en las piedras y el bien en todas las cosas.

Como gustéis, II.VII (Las edades del hombre)

JAIME
El mundo es un gran teatro,
y los hombres y mujeres sólo actores.
Todos hacen sus entradas y sus mutis
y diversos papeles en su vida.
Los actos, siete edades. Primero, la criatura,
hipando y vomitando en brazos de su ama.
Después, el niño, que, gimiendo y a disgusto,
con cartera y limpio rostro matinal,
cual lento caracol se arrastra hacia la escuela.
Después, el amante, suspirando como un horno
y componiendo baladas dolientes
a la ceja de su amada. Y el soldado,
con bigotes de felino y extraños juramentos,
celoso de su honra, presto a la pelea,
buscando la burbuja de la fama
hasta en la boca del cañón. Y el juez,
que, con su oronda panza llena de capones,
ojos graves y barba recortada,
sabios aforismos y citas consabidas,
hace su papel. La sexta edad nos trae

al flaco Pantaleón en zapatillas,
lentes en las napias y bolsa al costado;
con calzas juveniles bien guardadas, anchísimas
para tan huesudas zancas; y su gran voz
varonil, que vuelve a sonar aniñada,
le pita y silba al hablar. La última escena
de tan singular y variada historia
es la segunda niñez y el olvido total,
sin dientes, sin ojos, sin gusto, sin nada.

Troilo y Crésida, III.III (Ulises intenta convencer
a Aquiles de que salga de su tienda y vuelva a lu-
char con los griegos contra los troyanos)

ULISES
  Señor, el tiempo lleva un morral a la espalda,
en el que echa limosnas al olvido;
un monstruo colosal de ingratitudes.
Esos restos son proezas del pasado
que se emprenden y devoran, se ejecutan
y se olvidan. Señor, el brillo de la gloria
lo da el perseverar; lo que se hizo está anticuado
y es malla enrobinada que ahora cuelga
cual ridículo trofeo. Tú avanza sin descanso,
pues la gloria viaja por un paso muy estrecho
donde sólo cabe uno. Sigue en esta senda,
pues la rivalidad tiene mil hijos

y se agolpan el uno tras el otro. Si cedes
o te apartas del camino recto,
cual marea recrecida irrumpen todos
y te dejan a la zaga;
o, cual regio caballo que cae en primera fila,
harás de suelo que hollará y pisoteará
la abyecta retaguardia. Lo que ellos ahora hagan,
aunque inferior a lo que hiciste, lo supera,
pues el tiempo es un cumplido posadero
que, tibio, da la mano al huésped que se marcha
y, con los brazos abiertos, como para volar,
acoge al que ha llegado. La bienvenida sonríe;
el adiós se va en suspiros. ¡Ah! Que la excelencia
no aspire al galardón por lo que ha sido,
pues buen juicio, belleza,
fuerza física, mérito, alta cuna,
amor, amistad, bondad, todo está sujeto
al tiempo calumniante y envidioso.
Un rasgo natural iguala al mundo:
todos a coro elogian la última minucia,
aunque esté elaborada en molde antiguo,
y al polvo dorado levemente
lo alaban más que al oro polvoriento.
El ojo del presente elogia lo presente.

Medida por medida, III.i (Claudio es condenado a muerte por fornicación, pero será indultado por Angelo, su juez, si su hermana, la novicia Isabel, accede a acostarse con él)

CLAUDIO   La muerte es horrible.
ISABEL   Y una vida sin honra, detestable.
CLAUDIO
  Sí, pero morir sin saber adónde vamos,
  yacer en fría rigidez, pudrirse;
  calor, sentido, movimiento, volverse
  una masa amorfa, y el espíritu gozoso
  bañarse en ríos de fuego o habitar
  en región escalofriante de hielos rocosos;
  estar preso en los vientos invisibles,
  volteado con violencia infatigable
  por el flotante mundo, o estar peor que los peores
  que, sin freno ni certeza, imaginan
  oír aullidos. ¡Es harto horrible!
  La vida más negra y detestable
  que edad, dolor, miseria y cautiverio
  pueden depararnos es la gloria
  al lado del terror que da la muerte.

El cuento de invierno, I.II (Leontes, rey de Sicilia,
desquiciado por celos infundados, interroga a un
cortesano)

LEONTES
  Camilo, ¿tú no has visto —sin duda has visto,
  o la lente de tu ojo es más gruesa
  que los cuernos de un cornudo—, o has oído
  —pues, ante algo tan visible, el rumor
  no es mudo—, o has pensado —pues el
                              [pensamiento
  no reside en quien no piensa— que mi mujer
  no es decente? Si quieres confesarlo
  —pues, si no, descaradamente negarás
  que tienes ojos, oídos, pensamiento—,
  di que mi mujer es una golfa, que merece
  un nombre tan vil como la moza que se entrega
  antes de prometerse. ¡Dilo y justifícalo!
CAMILO
  Jamás me quedaría oyendo cómo
  difaman a la reina mi señora
  sin tomar venganza de inmediato. Por mi vida,
  que nunca habéis hablado de manera
  menos digna, y repetirlo sería un pecado
  tan nefando como ése, de ser cierto.
LEONTES
  ¿No es nada el susurrarse? ¿No lo es
  el apoyarse las mejillas, juntar narices,

besarse labio adentro, frenar la risa
en su carrera con suspiros —señal segura
de virtud quebrada—, montar pie sobre pie,
meterse en un rincón, desear que el tiempo vuele,
que horas sean minutos, mediodía medianoche,
y todos con cataratas menos ellos, ellos no,
porque nadie vea su vicio? ¿Esto no es nada?
Entonces el mundo, y todo en él, no es nada,
nada el cielo que nos cubre, nada el de Bohemia,
nada mi mujer, y nada sale de estas nadas
si esto no es nada.

La tempestad, IV.1 (Próspero a Fernando)

Nuestra fiesta ha terminado. Los actores,
como ya te dije, eran espíritus
y se han disuelto en aire, en aire leve,
y, cual la obra sin cimientos de esta fantasía,
las torres con sus nubes, los regios palacios,
los templos solemnes, el inmenso mundo
y cuantos lo hereden, todo se disipará
e, igual que se ha esfumado mi etérea función,
no quedará ni polvo. Somos de la misma
sustancia que los sueños, y nuestra breve vida
culmina en un dormir.

La tempestad, V.I (Renuncia de Próspero a sus poderes mágicos)

¡Elfos de los montes, arroyos, lagos y boscajes
y los que en las playas perseguís sin huella
al refluyente Neptuno y le huís
cuando retorna! ¡Hadas que, a la luna,
en la hierba formáis círculos, tan agrios
que la oveja no los come! ¡Genios, que gozáis
haciendo brotar setas en la noche y os complace
oír el toque de queda, con cuyo auxilio,
aunque débiles seáis, he nublado
el sol de mediodía, desatado fieros vientos
y encendido feroz guerra entre el verde mar
y la bóveda azul! Al retumbante trueno
le he dado llama y con su propio rayo he partido
el roble de Júpiter. He hecho estremecerse
el firme promontorio y arrancado de raíz
el pino y el cedro. Con mi poderoso arte
las tumbas, despertando a sus durmientes,
se abrieron y los arrojaron. Pero aquí abjuro
de mi áspera magia y cuando haya, como ahora,
invocado una música divina
que, cumpliendo mi deseo, como un aire
hechice sus sentidos, romperé mi vara,
la hundiré a muchos pies bajo la tierra
y allí donde jamás bajó la sonda
yo ahogaré mi libro.

Los dos nobles parientes, I.III (Amistad entre niñas)

EMILIA

           Un tiempo conocí
en el que disfruté con una amiga de juegos.
Tú estabas guerreando cuando ella el sepulcro
enriqueció, haciéndolo orgulloso —dijo adiós
a la luna (que palideció a su partida),
contando cada una once años.

HIPÓLITA   Era Flavina.

EMILIA

Sí. Tú hablas de la amistad de Pirítoo y Teseo:
está más cimentada, más madura,
más afianzada en el buen juicio, y se diría
que su necesidad mutua riega las raíces
trenzadas de su afecto. Pero ella
(de quien hablo con suspiros) y yo éramos seres
inocentes; nos queríamos porque sí y, como
los elementos, que, sin saber qué o por qué,
obran maravillas, nuestras almas hacían
la una por la otra. Lo que le agradaba
lo daba yo por bueno; lo que no, sin más
lo repudiaba. Si yo cogía una flor
y la ponía entre mis pechos (que empezaban
a abultar junto a la flor), ¡ah!, ella anhelante
se hacía con una igual y la posaba
en tal cuna inocente, donde, como el fénix,

149

moría entre aromas. En mi pelo no había adorno
que no fuera su modelo; en el vestir, sus gustos
—graciosos, tal vez descuidados— yo seguía
en mis ropas más selectas; si mi oído
captaba una melodía o la tarareaba
improvisando, su ánimo se detenía
en esa música, más bien la habitaba,
para cantarla en el sueño. Este relato,
que, como sabe cualquier niño, empobrece
su legítima importancia, demuestra
que el cariño entre doncellas puede ser
mayor que entre ambos sexos.

DRAMAS HISTÓRICOS

Enrique VIII y el cardenal Wolsey, con Norfolk,
Suffolk, Surrey y otros

Ricardo III, I.i (Monólogo inicial de Ricardo)

Ya el invierno de nuestro descontento
es verano radiante con este sol de York,
y las nubes que amenazaban nuestra casa
yacen en el seno profundo del océano.
Ya el laurel victorioso ciñe nuestra frente,
los rotos arneses son trofeos colgantes,
las llamadas a las armas, alegres reuniones,
las temibles marchas, deliciosas danzas.
Ya el guerrero ha suavizado la mirada torva
y, en vez de montar armados corceles
para espanto de medrosos adversarios,
brinca grácil en la alcoba de una dama
al conjuro lascivo de un laúd.
Mas yo, que para juegos galantes no estoy hecho,
ni para cortejar a un espejo amoroso;
yo, que estoy mal acuñado, sin majestad de amor
para contonearme ante bellezas cimbreantes;
yo, privado de figura y proporción,
burlado en apostura por falaz naturaleza,

deforme, inacabado, traído a medio hacer
antes de tiempo a este mundo vivo,
y tan tosco y mal trazado que los perros
me ladran cuando paso renqueando;
yo, en fin, en este tiempo plácido de paz
no tengo más fruición que el pasatiempo
de ver mi propia sombra bajo el sol
y disertar sobre mis deformidades.
Por eso, al no poder como un enamorado
recrearme en estos días tan melifluos,
he decidido que seré un malvado
y que odiaré los vanos placeres de estos días.
He urdido tramas, siniestros preámbulos,
con sueños, libelos y ebrias profecías,
para que mi hermano Clarence y el monarca
se enfrenten con odio mortal el uno al otro;
y si el rey Eduardo es tan íntegro y tan puro
cual yo ladino, falso y traicionero,
a Clarence meterán hoy en la jaula,
pues será G, como está profetizado,
el que asesine a los hijos de Eduardo.

Ricardo II, III.ıı (Parlamento de Ricardo II sobre
la muerte de los reyes)

Por Dios, sentémonos en tierra a contarnos
historias tristes de la muerte de los reyes;

depuestos unos, otros matados en la guerra
o acosados por las sombras de sus víctimas,
o envenenados por su esposa, o muertos en el sueño,
todos asesinados. Pues en la hueca corona
que ciñe las sienes mortales de un rey
tiene su corte la Muerte, y allí, burlona,
se ríe de su esplendor, se mofa de su fasto,
le concede un respiro, una breve escena
para hacer de rey, dominar, matar con la mirada;
le infunde un vano concepto de sí mismo,
cual si esta carne que amuralla nuestra vida
fuese bronce inexpugnable; y así, de este humor,
llega por fin, con una aguja perfora
el muro del castillo y, ¡adiós rey!
Cubríos, y no os burléis con grave reverencia
de lo que sólo es carne y hueso. ¡Fuera respeto,
tradición, formas y lealtad ceremoniosa,
pues conmigo siempre os engañasteis!
Yo vivo de pan como vosotros, siento privaciones
y dolor, necesito amigos. Así, tan sometido,
¿cómo podéis decirme que soy rey?

El rey Juan, II.i (Monólogo del Bastardo Faulcon-
bridge sobre el interés)

¡Loco mundo, locos reyes, loca alianza!
Juan, para impedirle a Arturo todo su derecho,

consiente en apartarse de una parte.
Y Felipe, cuya conciencia le ciñó la armadura,
a quien fervor y caridad trajeron al campo
como soldado de Dios, escucha el susurro
de ese marrullero, ese astuto diablo,
ese palabrero que siempre rompe su palabra
y cualquier promesa, que puede con todos,
reyes, mendigos, jóvenes, viejos, vírgenes
—a quienes, no teniendo nada externo que perder
salvo la virginidad, va y se la quita—,
este don Sonrisas, este seductor Interés,
el Interés, el gran desvío del mundo,
el mundo, ya bien equilibrado por sí solo,
hecho para rodar liso sobre suelo liso,
hasta que este provecho, este perverso desvío,
este guía del movimiento, este Interés,
le hace apartarse de toda neutralidad,
dirección, propósito, rumbo, intención...
Y este mismo desvío, este Interés,
este alcahuete, este tratante, este perturbador,
robándole los ojos a este rey francés
lo ha llevado de su propio y decidido apoyo,
de una guerra meditada y honorable,
a una paz innoble y vilmente concertada.
Mas ¿por qué reniego yo de este Interés?
Sólo porque aún no me ha cortejado.
No es que me falte fuerza para cerrar la mano
cuando su hermoso oro quiera deslumbrarme,

sino porque mi mano, todavía no tentada,
como un pobre mendigo reniega de los ricos.
Bueno, mientras sea mendigo, yo renegaré
diciendo que no hay peor pecado que ser rico
y, cuando sea rico, lo mío será decir
que no hay peor pecado que ser pobre.
Si por interés los reyes son falaces,
que él sea mi señor, y yo he de adorarle.

Enrique IV, 1.ª parte, V.i (En el campo de batalla
Falstaff delibera sobre el honor)

PRÍNCIPE   A Dios le debes una muerte. [*Sale.*]
FALSTAFF   Todavía no; me disgustaría pagarle antes del vencimiento. ¿Por qué voy a adelantarme con quien no me apremia? Bueno, no importa; el honor me empuja a avanzar. Sí, pero ¿y si el honor salda mi cuenta cuando avanzo? Entonces, ¿qué? El honor, ¿puede unir una pierna? No. ¿O un brazo? No. ¿O quitar el dolor de una herida? No. Entonces el honor, ¿no sabe cirugía? No. ¿Qué es el honor? Una palabra. ¿Qué hay en la palabra honor? ¿Qué es ese honor? Aire. ¡Bonita cuenta! ¿Quién lo tiene? El que murió el otro día. ¿Lo siente? No. ¿Lo oye? No. ¿Es que es imperceptible? Para los muertos, sí. Pero ¿no vive con los vivos? No. ¿Por qué? Porque no lo

permite la calumnia. Entonces, yo con él no quiero nada. El honor es un blasón funerario, y aquí se acabó mi catecismo.

Enrique IV, 2.ª parte, IV.II (Tras criticar a quienes, como el Príncipe de Lancaster, no beben vino, Falstaff hace una alabanza del jerez)

A fe que este mozo impasible no me aprecia, ni hay quien le haga reír. No es de extrañar: no bebe vino. Estos jóvenes tan sobrios no llegan nunca a nada, pues se enfrían tanto la sangre con bebida floja y comen tanto pescado que pillan una especie de clorosis masculina y, cuando se casan, sólo engendran mozas. Suelen ser necios y miedosos, como algunos lo seríamos si no fuera por los estimulantes. Un buen jerez produce un doble efecto: se te sube a la cabeza y te seca todos los humores estúpidos, torpes y espesos que la ocupan, volviéndola aguda, despierta, inventiva, y llenándola de imágenes vivas, ardientes, deleitosas, que, llevadas a la voz, a la lengua (que les da vida), se vuelven felices ocurrencias. La segunda propiedad de un buen jerez es que calienta la sangre, la cual, antes fría e inmóvil, dejaba los hígados blancos y pálidos, señal de apocamiento y cobardía. Pero el jerez la calienta y la hace correr de las entrañas a las extremidades. Ilumina la cara, que, como un faro, llama a las armas al resto de este pequeño reino que es el hombre, y entonces los súbditos vitales y los pequeños fluidos interiores pasan revista ante su capitán, el corazón, que, reforzado y entonado con su séquito, emprende cualquier hazaña. Y esta valentía viene del jerez, pues la destreza con las armas no es nada sin el jerez (que es lo que la acciona), y la teoría, tan sólo un montón de oro guardado por el diablo, hasta que el jerez la pone en práctica y en uso. De ahí que el príncipe Enrique sea tan valiente, pues la sangre fría que por naturaleza heredó de su padre, cual tierra yerma, árida y estéril, la ha abonado, arado y cultivado con tesón admirable bebiendo tanto y tan buen jerez fecundador que se ha vuelto ardiente y valeroso. Si yo tuviera mil hijos, el primer principio humano que les enseñaría sería el de abjurar de las bebidas flojas y entregarse al jerez.

Enrique IV, 2.ª parte, IV.III (El príncipe heredero ante su padre moribundo tras haberse llevado la corona creyéndole muerto)

PRÍNCIPE   Pensé que ya no volveríais a hablar.

REY

Enrique, tu deseo fue el padre de esa idea.
Te hago esperar demasiado, te canso.
¿Tanta hambre tienes de ver vacío el trono
que has de revestirte de mis signos
antes de tu hora? ¡Ah, joven insensato!
Deseas la majestad que ha de abrumarte.
Aguarda un poco: a mi nube de grandeza
la sostiene un viento tan ligero
que muy pronto caerá. Mi día se apaga.
Tú robas lo que dentro de unas horas
sería tuyo sin ofensa, y a punto de morir
les das confirmación a mis temores.
Tu vida ha demostrado que no me querías,
y ahora quieres que muera convencido.
Tu pensamiento escondía mil puñales
que en tu corazón de piedra has afilado
para herir media hora de mi vida.
¿No puedes darme ya ni media hora?
Entonces vete y cávame la fosa
y di a las campanas que doblen en tu oído
por tu coronación, no por mi muerte.
Las lágrimas que han de bañar mi féretro
sean gotas de bálsamo para ungir tu frente,
y a mí mézclame con el polvo del olvido.
Al que te dio la vida dalo a los gusanos,
despide a mis ministros, anula mis decretos:
llegó la hora de reírse del decoro.

¡Han coronado a Enrique Quinto! ¡Viva lo vano!
¡Muera lo regio! ¡Fuera con los sabios consejeros!
¡Que afluyan a la corte de Inglaterra
de todos lados simios holgazanes!
¡Tierras vecinas, libraos de vuestra escoria!
¿Tenéis algún rufián que jure, beba, baile,
trasnoche, robe, asesine y cometa
los más viejos pecados del modo más nuevo?
Alegraos, ya no os molestará.
Inglaterra dos veces dorará su triple culpa;
Inglaterra le dará un cargo, honor, poder,
pues el quinto Enrique le arranca ya el bozal
de castigo a la licencia, y el perro fiero
le hincará el colmillo al inocente.

TRAGEDIAS

El rey Lear ante el cadáver de su hija Cordelia, con Kent,
Edgar, Albany y otros

Romeo y Julieta, I.v (Su primer encuentro)

ROMEO
  Si con mi mano indigna he profanado
  tu santa efigie, sólo peco en eso;
  mi boca, peregrino avergonzado,
  suavizará el contacto con un beso.
JULIETA
  Buen peregrino, no reproches tanto
  a tu mano un fervor tan verdadero:
  si juntan manos peregrinos y santo,
  palma con palma es beso de palmero.
ROMEO   ¿Ni santos ni palmeros tienen boca?
JULIETA   Sí, peregrino: para la oración.
ROMEO
  Entonces, santa, mi oración te invoca:
  suplico un beso por mi salvación.
JULIETA   Los santos están quietos cuando acceden.
ROMEO   Pues, quieta, y tomaré lo que conceden
  [*La besa.*]
  Mi pecado en tu boca se ha purgado.

JULIETA   Pecado que en mi boca quedaría.

ROMEO

Repruebas con dulzura. ¿Mi pecado?
¡Devuélvemelo!

JULIETA   Besas con maestría.

Romeo y Julieta, III.v (Despedida de los amantes)

JULIETA

¿Quieres irte ya? Aún no es de día.
Ha sido el ruiseñor y no la alondra
el que ha traspasado tu oído medroso.
Canta por la noche en aquel granado.
Créeme, amor mío; ha sido el ruiseñor.

ROMEO

Ha sido la alondra, que anuncia la mañana,
y no el ruiseñor. Mira, amor, esas rayas hostiles
que apartan las nubes allá, hacia el oriente.
Se apagaron las luces de la noche
y despunta el día alegre en las cimas brumosas.
He de irme y vivir, o quedarme y morir.

JULIETA

Esa luz no es luz del día, lo sé bien;
es algún meteoro que el sol ha creado
para ser esta noche tu antorcha
y alumbrarte el camino de Mantua.
Quédate un poco, aún no tienes que irte.

ROMEO

Que me apresen, que me den muerte;
lo consentiré si así lo deseas.
Diré que aquella luz gris no es el alba,
sino el pálido reflejo del rostro de Cintia,
y que no es el canto de la alondra
lo que llega hasta la bóveda del cielo.
En lugar de irme, quedarme quisiera.
¡Que venga la muerte! Lo quiere Julieta.
¿Hablamos, mi alma? Aún no amanece.

JULIETA

¡Si está amaneciendo! ¡Huye, corre, vete!
Es la alondra la que tanto desentona
con su canto tan chillón y disonante.
Dicen que la alondra liga notas con dulzura:
a nosotros, en cambio, nos divide;
y que la alondra cambió los ojos con el sapo:
ojalá que también se cambiasen las voces,
puesto que es su voz lo que nos separa
y de aquí te expulsa con esa alborada.
Vamos, márchate, que la luz ya se acerca.

ROMEO

Luz en nuestra luz y sombra en nuestras penas.

Julio César, II.i (Marco Bruto debate la muerte de César con los conjurados)

Que sea un sacrificio, no una matanza, Casio.
Nos enfrentamos al espíritu de César,
y el espíritu del hombre no lleva sangre.
¡Ojalá se pudiera apresar el espíritu
sin desmembrar a César! Pero, ¡ay!, la sangre
de César tiene que correr. Mis nobles amigos,
matémosle con brío, pero sin saña.
Cortémosle como manjar digno de los dioses
y no como carnaza para perros.

Julio César, III.ii (Marco Antonio inicia su oración fúnebre por la muerte de César)

¡Amigos, romanos, compatriotas! ¡Escuchadme!
Vengo a enterrar a César, no a elogiarlo.
El mal que hacen los hombres vive tras su muerte;
el bien solemos sepultarlo con sus restos.
Así sea con César. El honorable Bruto
os ha dicho que César fue ambicioso.
Si lo fue, tenía un defecto grave
y lo ha pagado gravemente.
Con la venia de Bruto y los demás
(pues Bruto es un hombre de honor,
como todos ellos, todos hombres de honor),

vengo a hablar en las exequias de César.
Era mi amigo, un amigo fiel y leal.
Pero Bruto dice que César fue ambicioso,
y Bruto es un hombre de honor.
César trajo a Roma multitud de prisioneros
y las arcas del tesoro se llenaban de rescates.
¿Parecía ambicioso por hacerlo?
Cuando los pobres gemían, César lloraba;
más duro sería el metal de la ambición.
Pero Bruto dice que César fue ambicioso,
y Bruto es un hombre de honor.
Todos visteis que en las Lupercales
tres veces le ofrecí una corona y que él
la rehusó las tres veces. ¿Era ésta su ambición?
Pero Bruto dice que César fue ambicioso,
y, claro, Bruto es un hombre de honor.
No pretendo rebatir lo que ha dicho Bruto,
pero sí estoy aquí para decir lo que sé.
Antes todos le queríais, no sin motivo.
¿Qué motivo impide ahora vuestro llanto?
¡Ah, cordura! Te has refugiado en las bestias
y los hombres han perdido la razón. Perdonad.
Mi corazón está en el féretro con César,
y debo detenerme hasta que vuelva a mí.

Hamlet, II.ɪɪ (Hamlet a Rosencrantz y Guilden-
stern)

Últimamente, no sé por qué, he perdido la alegría, he dejado todas mis actividades; y lo cierto
es que me veo tan abatido que esta bella estruc-
tura que es la Tierra me parece un estéril promontorio. Esta regia bóveda, el cielo, ¿veis?, este
excelso firmamento, este techo majestuoso ador-
nado con fuego de oro, todo esto me parece nada
más que una asamblea de emanaciones pestilen-
tes e inmundas. ¡Qué obra maestra es el hombre! ¡Qué noble en su raciocinio! ¡Qué infinito
en sus potencias! ¡Qué perfecto y admirable en
forma y movimiento! ¡Cuán parecido a un ángel
en sus actos y a un dios en su entendimiento! ¡La
gala del mundo, el arquetipo de criaturas! Y sin
embargo, ¿qué es para mí esta quintaesencia del
polvo? El hombre no me agrada; no, tampoco
la mujer, aunque por tus sonrisas pareces creer
que sí.

Hamlet, III.ɪ (Monólogo de Hamlet)

Ser o no ser, ésa es la cuestión:
si es más noble para el alma soportar
las flechas y pedradas de la áspera Fortuna

o armarse contra un mar de adversidades
y darles fin en el encuentro. Morir: dormir,
nada más. Y si durmiendo terminaran
las angustias y los mil ataques naturales
herencia de la carne, sería una conclusión
seriamente deseable. Morir, dormir:
dormir, tal vez soñar. Sí, ése es el estorbo;
pues qué soñaríamos en nuestro sueño eterno,
ya libres del agobio terrenal,
es una reflexión que frena el juicio
y da tan larga vida a la desgracia. Pues, ¿quién
soportaría los azotes e injurias de este mundo,
el desmán del tirano, la afrenta del soberbio,
las penas del amor menospreciado,
la tardanza de la ley, la arrogancia del cargo,
los insultos que sufre la paciencia,
pudiendo cerrar cuentas uno mismo
con un simple puñal? ¿Quién lleva esas cargas,
gimiendo y sudando bajo el peso de esta vida,
si no es porque el temor al más allá,
la tierra inexplorada de cuyas fronteras
ningún viajero vuelve, detiene los sentidos
y nos hace soportar los males que tenemos
antes que huir hacia otros que ignoramos?
La conciencia nos vuelve unos cobardes,
el color natural de nuestro ánimo
se mustia con el pálido matiz del pensamiento,
y empresas de gran peso y entidad

por ello se desvían de su curso
y ya no son acción.

Otelo, I.III (En el Senado de Venecia Otelo relata
su vida y el enamoramiento de Desdémona)

Su padre me quería, y me invitaba,
curioso por saber la historia de mi vida
año por año; las batallas, asedios
y accidentes que he pasado. Yo se la conté,
desde mi infancia hasta el momento
en que quiso conocerla. Le hablé
de grandes infortunios, de lances
peligrosos en mares y en campaña;
de escapes milagrosos en la brecha amenazante,
de cómo me apresó el orgulloso enemigo
y me vendió como esclavo; de mi rescate
y el curso de mi vida de viajero.
Le hablé de áridos desiertos y anchas grutas,
riscos, peñas, montes cuyas cimas tocan cielo;
de los caníbales que se devoran, los antropófagos,
y seres con la cara por debajo de los hombros.
Desdémona ponía toda su atención,
mas la reclamaban los quehaceres de la casa;
ella los cumplía presurosa
y, con ávidos oídos, volvía
para sorber mis palabras. Yo lo advertí,

busqué ocasión propicia y hallé el modo
de sacarle un ruego muy sentido:
que yo le refiriese por extenso
mi vida azarosa, que no había podido
oír entera y de continuo. Accedí,
y a veces le arranqué más de una lágrima
hablándole de alguna desventura
que sufrió mi juventud. Contada ya la historia,
me pagó con un mundo de suspiros:
juró que era admirable y portentosa,
y que era muy conmovedora; que ojalá
no la hubiera oído, mas que ojalá
Dios la hubiera hecho un hombre como yo.
Me dio las gracias y me dijo que si algún
amigo mío la quería, le enseñase
a contar mi historia, que con eso podía
enamorarla. A esta sugerencia respondí
que, si ella me quería por mis peligros,
yo a ella la quería por su lástima.
Ésta ha sido mi sola brujería.

Timón de Atenas, IV.I (Timón maldice su ciudad)

Me vuelvo para contemplarte. ¡Ah, muralla
que encierras a esos lobos, derrúmbate,
no defiendas a Atenas! Matronas, ¡volveos lascivas!
Niños, ¡no obedezcáis! Esclavos, bobos,

¡arrancad del escaño al grave y caduco Senado
y gobernad en su puesto! Tiernas vírgenes,
¡volveos ya inmundas rameras! ¡Gozad
ante vuestros padres! Arruinados, ¡no cedáis!
En vez de pagar, sacad el cuchillo y degollad
a vuestros acreedores. Criados, ¡robad!
Vuestros serios amos son ladrones voraces
y saquean con la ley. Criada, ¡a la cama del amo!
Tu ama es del burdel. Muchacho de dieciséis,
¡arranca a tu decrépito padre la muleta
y con ella rómpele los sesos! Piedad y temor,
devoción a los dioses, paz, verdad, justicia,
respeto al mayor, buena vecindad, calma en la noche,
saber, comportamiento, oficios, artes,
rangos, observancias, leyes y costumbres,
¡hundíos en vuestros dañinos contrarios
e impere la ruina! Pestes que aquejan al hombre,
¡apilad, listas para el golpe, vuestras fiebres
contagiosas sobre Atenas! Ciáticas, ¡lisiad
a nuestros senadores y queden ellos tan cojos
como lo está su conducta! Lujuria, lascivia,
¡penetrad en la mente y la médula del joven
para que bregue contra la corriente de la virtud
y lo ahogue el desenfreno! Llagas, pústulas,
¡sembraos en los cuerpos atenienses, y su fruto
sea una lepra general! Aliento, ¡infecta el aliento,
para que su amistad y compañía
no sean sino ponzoña! De ti no me llevo

sino la desnudez, ciudad detestable.
Toma esto también, y sé archimaldita.
Timón se va al bosque, donde se nos muestra
que más humana que el hombre es la peor fiera.
Dentro y fuera de ese muro, con la muerte
castiguen los dioses a los atenienses.
Y que, con más años, más odie Timón
al género humano —plebeyo o señor.

El rey Lear, I.IV (Maldición de Lear a su hija Goneril)

¡Óyeme, Naturaleza! ¡Escucha, diosa amada!
Si fue tu voluntad hacer fecundo
a este ser, renuncia a tu propósito.
Lleva la esterilidad a sus entrañas.
Sécale los órganos de la generación,
y de su cuerpo envilecido nunca nazca
criatura que la honre. Y, si ha de procrear,
que su hijo sea de hiel y sólo viva
para darle tormentos inhumanos.
Que le abra arrugas en su frente juvenil,
le agriete las mejillas con el llanto
y convierta las penas y alegrías de una madre
en burla y menosprecio, para que sienta
que tener un hijo ingrato duele más
que un colmillo de serpiente.

El rey Lear, IV.vi (Reencuentro de Lear con su hija Cordelia y reconciliación)

CORDELIA   Se despierta. Habladle.

CABALLERO   Hacedlo vos, señora. Es lo mejor.

CORDELIA   ¿Cómo está mi rey y señor? ¿Cómo estáis, Majestad?

LEAR

Sois injustos al sacarme de la tumba.
Tú eres un alma en la gloria, pero yo
estoy atado a una rueda de fuego y las lágrimas
me abrasan como plomo fundido.

CORDELIA   ¿Me conocéis, señor?

LEAR   Eres un espíritu, lo sé. ¿Dónde has muerto?

CORDELIA   Aún desvaría.

CABALLERO   Está apenas despierto. Dejadle un instante.

LEAR

¿Dónde he estado? ¿Dónde estoy? ¿Es de día?
Estoy aturdido. Me moriría de pena
de ver así a otro. No sé qué decir.
No puedo jurar que éstas sean mis manos.
A ver. Siento el pinchazo. ¡Ojalá
pudiera estar seguro de mi estado!

CORDELIA

Miradme, señor, y extended
vuestra mano para bendecirme.
¡No os arrodilléis!

LEAR

No te burles de mí, te lo ruego.
Sólo soy un anciano que chochea,
los ochenta ya pasados, ni un día menos,
y, hablando con franqueza,
me temo que no estoy en mi juicio.
Creo que te conozco, a ti y a este hombre,
pero tengo dudas, pues ignoro
qué lugar es éste y, por más que lo intento,
no recuerdo esta ropa; ni tampoco sé
dónde pasé la noche. No os riáis de mí,
pues, tan verdad como que soy hombre,
creo que esta dama es mi hija Cordelia.

CORDELIA   Soy yo, soy yo.

LEAR

¿Mojan tus lágrimas? Sí, cierto. No llores,
te lo ruego. Si me guardas veneno, me lo beberé.
Sé que no me quieres. Tus hermanas,
ahora lo recuerdo, me han tratado mal.
Tú tienes motivo; ellas, no.

CORDELIA   Motivo, ninguno; ninguno.

LEAR   ¿Estoy en Francia?

KENT   En vuestro reino, señor.

LEAR   No os burléis.

CABALLERO

Alegraos, señora. Veis que su furor
ya se ha apagado. Pedidle que entre;
no le molestéis hasta que esté más sereno.

CORDELIA   ¿Desea venir Vuestra Majestad?
LEAR

Sé paciente conmigo. Olvida y perdona,
te lo ruego. Soy un viejo tonto.

Salen.

Macbeth, II.I (Macbeth, yendo a matar al rey Duncan)

¿Es un puñal lo que veo ante mí?
¿Con el mango hacia mi mano? Ven, que te agarre.
No te tengo y, sin embargo, sigo viéndote.
¿No eres tú, fatídica ilusión, sensible
al tacto y a la vista? ¿O no eres más
que un puñal imaginario, creación
falaz de una mente enfebrecida?
Aún te veo, y pareces tan palpable
como éste que ahora desenvaino.
Me marcas el camino que llevaba,
y un arma semejante pensaba utilizar.
O mis ojos son la burla de los otros sentidos
o valen por todos juntos. Sigo viéndote,
y en tu hoja y en tu puño hay gotas de sangre
que antes no estaban. No, no existe:
es la idea sanguinaria que toma cuerpo
ante mis ojos. Muerta parece ahora
la mitad del mundo, y los sueños malignos seducen

al sueño entre cortinas. Las brujas celebran
los ritos de la pálida Hécate, y el crimen descarnado,
puesto en acción por el lobo, centinela
que aullando da la hora, con los pasos sigilosos
de Tarquino el violador, camina hacia su fin
como un espectro. Tierra sólida y firme,
dondequiera que me lleven, no oigas mis pisadas,
no sea que hasta las piedras digan dónde voy
y priven a esta hora de un espanto
que le es propio. Yo amenazo y él, con vida;
las palabras el ardor del acto enfrían.

Suena una campana.

Voy y está hecho; me invita la campana.
No la oigas, Duncan, pues toca a muerto
y al cielo te convoca, o al infierno.

Macbeth, V.v (Muerte de la reina)

MACBETH   ¿Qué ruido es ése?
SEYTON   Gritos de mujeres, mi señor [*Sale.*]
MACBETH
  Ya casi he olvidado el sabor del miedo.
  Hubo un tiempo en que el sentido se me helaba
  al oír un chillido en la noche, y mi melena
  se erizaba ante un cuento aterrador

cual si en ella hubiera vida. Me he saciado de
[espantos,
y el horror, compañero de mi mente homicida,
no me asusta.

[Entra SEYTON.*]*

          ¿Por qué esos gritos?
SEYTON   Mi señor, la reina ha muerto.
MACBETH
  Había de morir tarde o temprano;
  alguna vez vendría tal noticia.
  Mañana, y mañana, y mañana
  se arrastra con paso mezquino día tras día
  hasta la sílaba final del tiempo escrito,
  y la luz de todo nuestro ayer guió a los bobos
  hacia el polvo de la muerte. ¡Apágate, breve llama!
  La vida es una sombra que camina, un pobre actor
  que en escena se arrebata y contonea
  y nunca más se le oye. Es un cuento
  que cuenta un idiota, lleno de ruido y de furia,
  que no significa nada.

Antonio y Cleopatra, II.II (Encuentro de Cleopatra y Antonio)

MECENAS   Si lo que dicen es cierto, Cleopatra será
  grandiosa.

ENOBARBO   Todo fue conocer a Marco Antonio y
robarle el corazón en el río Cidno.

AGRIPA   Allí se mostró a lo grande, salvo que mi
informante lo soñara.

ENOBARBO
Yo te lo cuento.
El bajel que la traía, cual trono relumbrante,
ardía sobre el agua: la popa, oro batido;
las velas, púrpura, tan perfumadas que el viento
se enamoraba de ellas; los remos, de plata,
golpeando al ritmo de las flautas, hacían
que las olas los siguieran más veloces,
prendadas de sus caricias. Respecto a ella,
toda descripción es pobre: tendida
en su pabellón, cendal recamado en oro,
superaba a una Venus pintada aún más bella
que la diosa. A los lados, cual Cupidos sonrientes
con hoyuelos, preciosos niños hacían aire
con abanicos de colores, y su brisa
parecía encender ese rostro delicado,
haciendo lo que deshacían.

AGRIPA   ¡Ah, qué esplendor para Antonio!

ENOBARBO
Sus damas, a modo de nereidas,
de innúmeras sirenas, la servían haciendo
de sus gestos bellas galas. La del timón
parece una sirena. El velamen de seda
se hincha al sentir las manos, suaves como flores,

que gráciles laboran. De la nave,
invisible, un perfume inusitado
embriaga las orillas. La ciudad
se despuebla para verla, y Antonio,
entronizado, se queda solo en la plaza
silbando al aire, que, por no dejar un hueco,
también habría volado a admirar a Cleopatra,
creando un vacío en la naturaleza.

AGRIPA   ¡Asombrosa egipcia!

ENOBARBO

Cuando desembarca, la invita a cenar
un enviado de Antonio. Ella contesta
que prefiere —lo suplica— que sea él
su convidado. El galante Antonio,
a quien nunca oyó mujer decir que no,
va al festín rasurado y recompuesto
y su corazón paga la cuenta
de lo que comen sus ojos.

AGRIPA

¡Regia moza! Por ella
el gran César llevó al lecho su espada;
él la surcó y ella dio fruto.

ENOBARBO

La vi una vez
andar a saltos por la calle;
perdió el aliento, pero hablaba y jadeaba
de suerte que al defecto daba perfección
y, sin aliento, alentaba poderío.

MECENAS   Y ahora Antonio ha de dejarla total-
mente.

ENOBARBO
¡Jamás! Nunca lo hará.
La edad no la marchita, ni la costumbre
agota su infinita variedad. Otras son
empalagosas, pero ella, cuando más sacia,
da más hambre. A lo más vil le presta
tal encanto que hasta los sacerdotes,
cuando está ardiente, la bendicen.

Antonio y Cleopatra, IV.XIV (Antonio con Eros,
tras la derrota militar y sintiéndose traicionado por
Cleopatra)

ANTONIO   Eros, ¿todavía me ves?
EROS   Sí, noble señor.
ANTONIO
A veces vemos una nube que es como un dragón,
un vapor que parece un león o un oso,
un castillo con sus torres, un peñón colgante,
un monte recortado, un promontorio azul
con árboles que se inclinan ante el mundo
y con aire burlan nuestros ojos. Tú lo has visto:
son escenas del oscuro anochecer.
EROS   Sí, mi señor.

ANTONIO

Si ahora es un caballo, en un soplo
la nube se disgrega y se confunde
como el agua hace con el agua.

EROS   Cierto, señor.

ANTONIO

Buen Eros, muchacho, tu capitán es ahora
un cuerpo así. Aún soy Antonio, mas, amigo,
no puedo retener forma visible.
Entré en guerra por Cleopatra, pero ella
—creí tener su corazón como ella tenía el mío,
que, cuando era mío, se había ganado un millón
                                    [más,
y todos ya perdidos—; ella, Eros,
baraja para César y trampea con mi gloria
para darle el triunfo a un enemigo.
No llores, gentil Eros. Quedo yo
para yo mismo matarme.

APÉNDICE

ÍNDICE DE LAS OBRAS CITADAS

Afanes de amor en vano   45, 61

Antonio y Cleopatra   23, 27, 32, 35, 53, 62, 66, 87, 88, 107, 108, 119, 127, 128, 180, 183

Cimbelino   25, 33, 42, 48, 59, 62, 69, 97, 113, 126, 129

Como gustéis   22, 27, 31, 33, 34, 36, 46, 60, 61, 62, 66, 67, 70, 71, 75, 76, 87, 105, 108, 141, 142

Coriolano   23, 34, 42, 45, 55, 56, 95, 103

El cuento de invierno   48, 59, 61, 70, 88, 103, 114, 119, 146

El mercader de Venecia   22, 27, 35, 44, 66, 68, 76, 79, 96, 107, 121, 139, 140

El rey Juan   155

El rey Lear   22, 32, 33, 36, 37, 42, 43, 55, 56, 57, 58, 60, 69, 87, 88, 96, 97, 98, 111, 114, 125, 126, 175, 176

El sueño de una noche de verano   45, 67, 68, 69, 89, 120, 137, 138

Enrique IV   26, 32, 42, 48, 57, 59, 60, 78, 85, 88, 89, 127, 128, 157, 158, 159

Enrique VI   44, 49, 89

Enrique VIII   48, 76, 89, 104, 105, 107, 113, 119

Hamlet   21, 22, 23, 25, 41, 42, 43, 46, 48, 53, 54, 55, 56, 58, 61, 67, 77, 80, 87, 88, 94, 95, 96, 98, 104, 108, 113, 116, 128, 129, 131, 132, 170

Julio César   31, 32, 47, 49, 50, 53, 54, 85, 86, 94, 95, 112, 127, 168

La fierecilla domada   60

La tempestad   24, 33, 34, 41, 46, 78, 112, 127, 147, 148

Los dos caballeros de Verona   45, 69, 111

Los dos nobles parientes   27, 34, 125, 149

Macbeth   24, 25, 26, 27, 35, 36, 42, 43, 50, 56, 59, 78, 86, 96, 97, 106, 112, 114, 115, 116, 128, 130, 178, 179

Medida por medida   24, 36, 37, 44, 47, 49, 81, 96, 97, 103, 105, 111, 113, 120, 126, 128, 145

Mucho ruido por nada   60, 62, 65, 67, 68, 71, 72, 76, 86, 93, 103, 106, 112, 120

Noche de Reyes   25, 26, 28, 31, 44, 50, 54, 61, 69, 71, 75, 77, 79, 98, 106, 120

Otelo   28, 33, 36, 45, 58, 69, 79, 80, 86, 93, 96, 98, 105, 107, 131, 172

Pericles   59, 78, 93

Ricardo II   23, 25, 48, 50, 57, 58, 104, 111, 112, 120, 125, 129, 130, 154

Ricardo III   21, 31, 32, 34, 49, 57, 62, 94, 104, 112, 129, 131, 153

Romeo y Julieta   49, 65, 66, 67, 68, 70, 85, 89, 95,
    130, 165, 166
Sonetos   35, 104, 113, 125
Timón de Atenas   21, 24, 46, 47, 49, 60, 94, 97,
    129, 173
Todo bien si acaba bien   24, 36, 41, 45, 46, 47, 66,
    68, 75, 77, 78, 79, 85, 86, 106
Troilo y Crésida   26, 41, 43, 44, 46, 53, 55, 65, 70,
    80, 88, 94, 143

CRONOLOGÍA DE LAS OBRAS DE WILLIAM SHAKESPEARE

Esta cronología se basa en la sección «Canon and Chronology» de *William Shakespeare: A Textual Companion*, de Stanley Wells y Gary Taylor con John Jowett y William Montgomery (Oxford, 1987). Las fechas corresponden a los años en los que Shakespeare pudo haber escrito sus obras, lo que en bastantes casos es anterior a la fecha de las primeras ediciones o representaciones.

Fecha	Obra	Género
1590-1591	*Los dos caballeros de Verona*	Comedia
	La fierecilla domada	Comedia
1591	*La primera parte de la contienda entre las dos famosas casas de York y Lancaster (Enrique VI, Segunda Parte)*	Drama histórico
	Ricardo, Duque de York (Enrique VI, Tercera Parte)	Drama histórico

Fecha	Obra	Género
1592	*Enrique VI, Primera Parte*	Drama histórico
	Tito Andrónico	Tragedia
1592-1593	*Ricardo III*	Drama histórico
1593	*Venus y Adonis*	Poesía
1594	*La violación de Lucrecia*	Poesía
	La comedia de los enredos	Comedia
	Eduardo III (atribuida a Shakespeare)	Drama histórico
1594-1595	*Afanes de amor en vano*	Comedia
1595	*Ricardo II*	Drama histórico
	Romeo y Julieta	Tragedia
	El sueño de una noche de verano	Comedia
1595-1596	*Trabajos de amor ganados* (hoy perdida)	Comedia
1596	*El rey Juan*	Drama histórico
1596-1597	*El mercader de Venecia*	Comedia
	Enrique IV, Primera Parte	Drama histórico

Fecha	Obra	Género
1597-1598	*Las alegres comadres de Windsor*	Comedia
	Enrique IV, Segunda Parte	Drama histórico
1598	*Mucho ruido por nada*	Comedia
1598-1599	*Enrique V*	Drama histórico
1598-1609	*Sonetos, Lamento de una amante*	Poesía
1599	*El peregrino apasionado*	Poesía
	Julio César	Tragedia
1599-1600	*Como gustéis*	Comedia
1600-1601	*Hamlet*	Tragedia
1601	*Noche de Reyes*	Comedia
	El fénix y la tórtola	Poesía
1602	*Troilo y Crésida*	Tragicomedia
1603	*Medida por medida* (posiblemente adaptada por Thomas Middleton en 1621)	Tragicomedia
1603-1604	*Sir Tomás Moro* (en colaboración con Henry Chettle, Thomas Dekker y Thomas Heywood)	Drama histórico
	Otelo	Tragedia
1604-1605	*Todo bien si acaba bien*	Tragicomedia

Fecha	Obra	Género
1605	*Timón de Atenas* (en colaboración con Thomas Middleton)	Tragedia
1605-1606	*El rey Lear*	Tragedia
1606	*Macbeth* (posiblemente adaptada por Thomas Middleton en 1616)	Tragedia
	Antonio y Cleopatra	Tragedia
1607	*Pericles* (en colaboración con George Wilkins)	Tragicomedia
1608	*Coriolano*	Tragedia
1609	*El cuento de invierno*	Tragicomedia
1610	*Cimbelino*	Tragicomedia
1611	*La tempestad*	Tragicomedia
1612-1613	*Cardenio* (en colaboración con John Fletcher, hoy perdida)	Tragicomedia
1613	*Enrique VIII (Todo es verdad)* (en colaboración con John Fletcher)	Drama histórico
1613-1614	*Los dos nobles parientes* (en colaboración con John Fletcher)	Tragicomedia

AUSTRAL

www.planetadelibros.com.mx